刑事弁護プラクティス 2

櫻井光政［著］

新人弁護士養成日誌

現代人文社

はしがき

刑事訴訟法の大家である平野龍一先生が当時の刑事裁判について、「我が国の刑事裁判はかなり絶望的である」と評したのは一九八五年のことであった。個々の刑事裁判でそれなりの成果を上げる弁護士は皆無ではなかったが、被疑者との接見は著しく制限され、被疑者国選の制度はもちろん、当番弁護士の制度も生まれていなかった。

心ある刑事弁護人の中に、何とかしなければならないという思いはあったが、それを形にするのは難しいことだった。それでも一九九〇年には英国のデューティー・ソリシター（duty solicitor）に範を置く当番弁護士制度が大分県弁護士会で発足し、一九九二年には全国で実施されるようになった。逮捕・勾留された全被疑者を対象に、たった一回ではあるけれど、無償で接見に赴くこの制度は大きな成果を上げた。起訴前弁護の重要性が改めて認識された今、次なる課題は被疑者国選弁護制度を実現することだった。

しかし、被疑者国選弁護制度を実現するためには、即座に接見に赴くことができる弁護士がどの地にも居なければならないという問題があった。刑事弁護で水準以上の働きができる弁護士を、全国の地裁支部に配置しなければならない。それは日本弁護士連合会の使命でもあった。その問題に対するひとつの解が、若手弁護士を育てて任期つきで地方に配置するという方法だった。そして、その方法を実現するために設立したのが桜丘法律事務所である。だから、桜丘法律事務所では、毎年新人を採用し、育成して、ある時はひまわり基金法律事務所の弁護士として、ある時は法テラスのスタッフ弁護士として、各地に弁護士を送ってきた。若手であっても弁護の技術が未熟であってはならない。特に、被疑者国選制度の実現を目指すためには刑事弁護で十分な活動ができなければならない。神山啓史弁護士に若手の指導をお願いしたのもそのためだ。

幸いにして、若い弁護士たちは、時に私や神山弁護士の期待以上の働きをして私たちを喜ばせ、また驚かせた。

本書は、『季刊刑事弁護』誌上でそんな新人・若手弁護士の活動を中心に紹介する連載「桜丘だより」の記事をピックアップして、それにコメントを加えたものだ。改めて見ても、若い弁護士の真摯な姿勢にこちらも背筋が伸びる思いがする。

一話一話のエピソードは簡潔だ。どこからお読みいただいてもいい。気が向いたところから、気軽にぱらぱらと読んでいただければ幸いである。

二〇二〇年一一月

櫻井光政

CONTENTS

刑事弁護プラクティス2　新人弁護士養成日誌

【凡例】

・［↓●頁］とは、「本書の●頁以下を参照」を意味する。
・判例は、たとえば、「最高裁判所令和二年一二月一五日判決」の場合、「最判令二・一二・一五」と記した。
・初出の年については、原則として、西暦を先に表記し、和暦を併記した。
・二〇二〇年に「覚せい剤取締法」が「覚醒剤取締法」に改められたことを受け、本書の表記は現在のものに統一した。

第一部

桜丘だより

プロの被告人

……住居侵入・窃盗事件

外れやすいタガ

久しぶりに当番弁護の要請が入った。住居侵入、窃盗。空き巣狙いか何かだろう。早速警察署に赴く。

被疑者Aは六〇代後半の男性。ご多聞に漏れず同種前科が複数あった。

Aは五月初旬に満期で九州の刑務所を出所した。そして、その足で上京して下町の安いホテルを居と定め、生活保護を受給することになった。生活保護費でやりくりをすれば良かったのだが、つい気が緩んで競馬に手を出してしまった。それで生活費が足りなくなった。まだ六月の半ば。次の保護費の支給まで持たない。途方に暮れて街をさまよっているとき、ある家の前で宅配便の配達員に声を掛けられた。

「山田さん（仮名）ですか」。

この一言で、山田宅が留守だと知れた。Ａの心臓は高鳴った。留守宅だと思って改めて山田宅を眺めると、いくつかの死角が目についた。Ａは造作もなく塀を登り、山田宅の二階ベランダから居室に侵入した。そしてタンスの中にあった現金二〇万円を窃取した。

あのとき競馬なんてしなければこんなことにはならなかったんです。生活保護で十分にやっていけたんです。競馬さえしなければ何てことはないんです。本当に馬鹿なことをしました。今度という今度は本当に反省しています。もう、次に出たときは二度とこんな馬鹿なことは繰り返しません。自信を持って誓えます。

しおらしい態度や物言いから、最初は素直に反省していると思ったが、再犯をしておいて、繰り返さないことに自信があると言い切るのはいかがなものか。このあたりで、ずいぶん安っぽい反省だなと思った。

余罪はないのかと尋ねると、他にも二件空き巣に入ったという。こちらの方は金目のものはほとんどなかったようだ。しかし金額の問題ではない。

あなたは生活保護費を競馬ですってしまった。そこで生活費を得るためにやむなく窃盗に入ったのではないか。そうしたら、何と二〇万円もの現金が手に入った。それだけの金額があれば、次の生活保護の受給まで十分に間に合うはずではないか。それがどうして他の家にも盗みに入ることになったのか。

タガが外れたようになってしまって、というのがAの弁だった。ずいぶん外れやすいタガだと思ったが、傷つきやすいタイプのようなので、口には出さなかった。

弁護方針

本来なら被害弁償をしたいところだが、二〇万円もの大金はとても用意できない。ともあれ、反省しているというのであれば、被害者に対して謝罪の手紙を書くように勧めた。また、何か良い情状はないかと生い立ちから尋ねた。

Aは一一人兄弟の末っ子。九州の貧しい家で生まれ育ち、集団就職で東京に来たが、少年期から非行に走り、成人してからは職を転々とし、中年以降は窃盗をしては刑務所に入るという生活をしていた。すぐ上の兄はAのことを案じてくれていたようだが今は消息も知れないという。幼少時に貧しくて苦労したというのは団塊以上の世代にとってはさほど珍しいことではない。もともと立派な青年だったというわけでもない。どちらかというと早い時期から世間からドロップアウトしたのだなあと思う。ただ、そう考えると、それはそれで気の毒な人生のように思えた。

Ａにはもとより妻子もない。Ａ自身は兄弟の消息も知らなかった。そこでＡの兄弟の消息を徹底的に調べることにした。Ａの孤独を自覚させることで、しっかりしなければならないという気持ちを起こさせることができないかと考えたからだ。もちろん駄目でもともとである。

調査の結果、鹿児島に八三歳になる姉が一人住んでいることがわかった。Ａが最も慕っていた兄は一九六七（昭和四二）年に消息がわからなくなっていた。自殺未遂を何度か繰り返していたこの兄は、おそらくどこかで自殺したのだろうということだった。他の八人の兄弟姉妹は皆亡くなっていた。

同じ両親から生を受けた兄弟姉妹は、鹿児島に老齢の姉を残すのみで皆死に絶えた。兄弟姉妹は草葉の陰で可愛い末弟の身を案じていると思う、と伝えた。

兄弟の消息を知るために戸籍をしらみつぶしに捜したことはＡの意表を衝いたようだった。日ごろ饒舌なＡが、この報告を受けた日は、うつむき、涙をにじませて、一言、ありがとうございますと言うのみだった。

高齢者の犯罪

ところで、高齢者の犯罪の増加は今日では社会問題化している。平成二四年版犯罪白書によれば、一九九二（平成四）年から二〇一一（平成二三）年の二〇年間で、高齢者の一般刑法犯の検挙人員は何と六・三倍に増加しているのである。また、高齢者の入所受刑者数もおよそ五倍に増えている。しかも、二〇一一年の高齢入所者を見ると、初めて入所する者が約三割、二回目から五回目が三割、六回目以上が四割という割合である。

Aは同種前科で六回実刑に処せられていて、今回は七回目だ。だから、Aの問題は、A個人の問題であると同時に社会全体の問題だ。このことはもちろんAの刑責を減免するものではない。しかし、Aの再犯は、A一人が何とかしようと考え、「固い決意」をしただけでは防げないのではないか。統計は、Aと同じようなA'が何人もいることを物語っているのではないか。それは、弁護に反映させなければならないと思った。

公判

第一回公判は、追起訴の予定があるとのことで、検察立証の途中で終わった。進行について、検察官が、二件の追起訴があるからということで二期日の審理を求めるので、それぞれの追起訴を迅速に行ったうえで一期日での審理を求めた。どうせ実刑の事件なら、裁判くらい早く終わらせてやりたい。

二件の追起訴の内容は、Aのいうとおり、被害の大きなものではなかった。とりわけ最後の一件は生活保護受給者の家に入ったもので、取るべきものはなかった。侵入するときにガラスで手を深く切ったので、洗濯物としてつるしてあった古タオルを包帯代わりにした。また、空腹なので、冷蔵庫の中の食パンを一枚食べた。そのタオルと食パンが被害品だった。

本当に貧しい、何もない家で、自分は何をしているのだろうと思った、というのはたしかにAの本音だったに違いない。

第二回の公判もほとんどの書証を同意して、被告人質問の後、論告、弁論と進んだ。求刑は六年。

弁論では、Ａの反省には限界があることを率直に述べたうえで、それでも兄弟の消息を知った今は切羽詰った気持で更生を誓っていることを述べた。また、他方で矯正施設もこれまで十分に機能していなかったことを指摘した。そして、犯罪白書について触れ、長期の施設収容よりも出所後のきめ細かなフォローがより重要であること、そのためにはみずから就労できる年齢での出所が適う量刑が必要である旨を述べた。

判決

言い渡された刑は懲役四年六月だった。同種前科を繰り返していることを考えれば十分な配慮が感じられる量刑だった。また、説諭では、次回の出所後は社会の力を借りて立ち直ってほしいという言葉が述べられた。

Ａから一枚のはがきが届いたのは判決から三週間ほどたったある日のことだった。感謝の言葉の中に「なんら弁護すべき点が見当たらなかったであろう私のことを特異な切り口で見事に弁護してくださり、お陰様で刑期も一年六カ月も短縮されました」とあった。おそらくいろいろな弁護人を見較べてきたのであろう。

プロの被告人の弁護評に一寸苦笑した。

COMMENT

令和元年版犯罪白書によれば、平成一〇年代に激増した高齢者の刑法犯検挙人員は、平成二〇年代以降はほぼ横ばいとなっているが、平成一六年以降全体の検挙人員が減少する中で、高齢者の占める割合は平成三〇年には二一・七％もの高率に上っている。女性に限れば何と三三・九％もの高率である。かつて最多を占めていた一〇代の少年は検挙者総数二〇万六千九四人のうちわずか二万三千九七〇人に過ぎず、六五歳以上の高齢者の四万四千七七〇人の二分の一程度まで減少している。近年高齢者の傍若無人ぶりが言われることが多いが、検挙人員の変化は見事にそれを裏づけているようだ。今後ますます高齢化が進行する中で、その対策が急務になっていると言えよう。

今回の被告人からは「特異な切り口」と評された弁護活動であるけれど、ありふれた事件や一見救いどころのなさそうな事件こそ、自分らしい弁護の見せ所だと思う。ここまでか、と思ったときに、視点を大きく変えると違ったものが見えてくることがある。そうして自分らしい弁護を組み立てていくのは楽しい作業である。

図　刑法犯 検挙人員（年齢層別）・高齢者率の推移（総数・女性別）

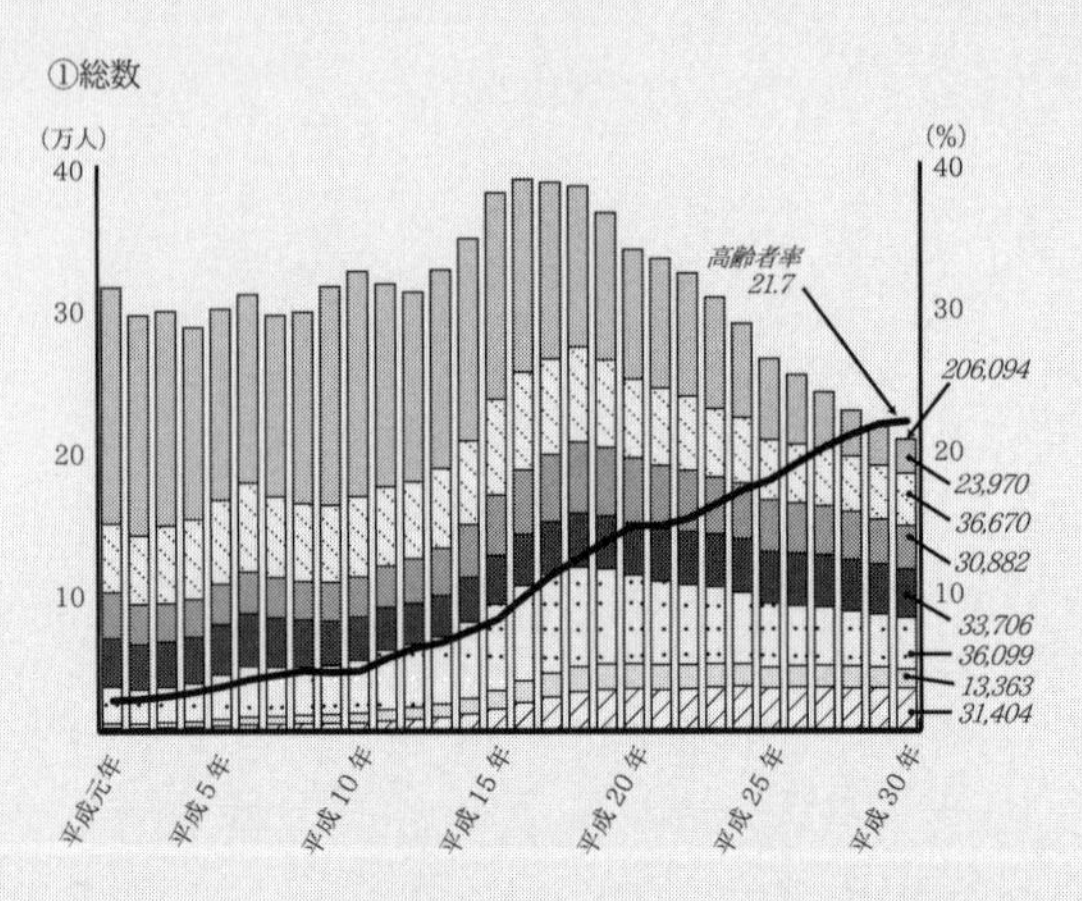

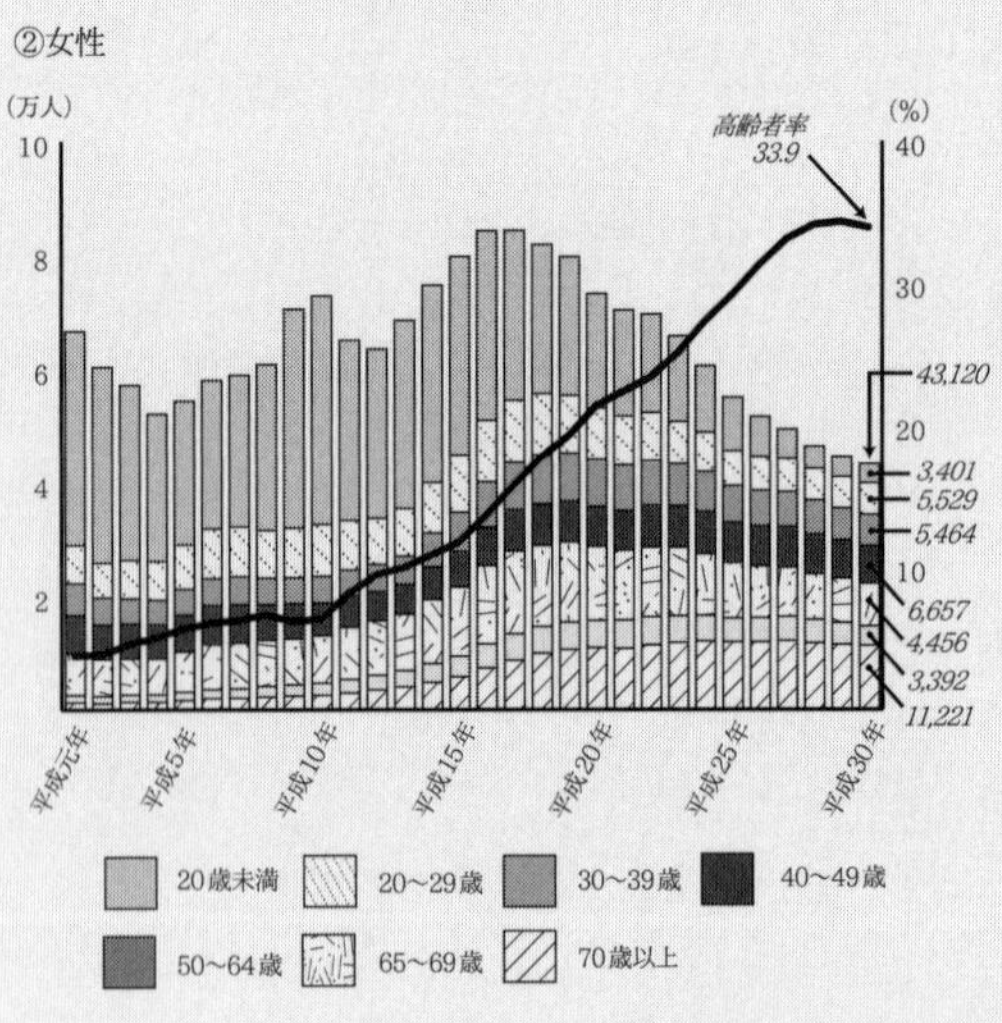

＊「令和元年版犯罪白書」より作成。

不倫の果て

……脅迫事件

脅迫

Ｓ弁護士に多摩支部の当番弁護の要請が入った。弁護士数の増加により本庁管内の当番・国選は奪い合いに近くなっているが、面積が広く、その割には二三区ほど弁護士がいない多摩支部の管内はまだそのような状態ではない。そこで桜丘法律事務所の中堅・若手は多摩支部の当番・国選も受任することにしている。

この日の事件は、多摩支部といっても中央線の沿線で、八王子よりも東京寄りだから、一橋大学に通っていたＳ弁護士にとっては苦にならない。被疑者が事件扱いの警察署から拘束場所の警察署に戻る時間を見計らって接見に赴いた。

罪名から素行の悪い人物を思い描いていたが、会ってみるときちんとした会社に勤めるサラリーマンだった。被疑事実は脅迫。職場の同僚を脅し、退職を強く迫ったというものだ。その程度のことでよく警察が動いたものだと思うのだが、背景に男女関係があった。

不倫

被疑者Aは二〇一一（平成二三）年の秋頃、職場の同僚Vさんと深い関係になった。Aにはすでに妻子があったがVさんは独身だった。一回りほど年齢の離れた二人の蜜月は二年近く続いたが、現状のままの関係が続いてほしいAと、結婚を意識するようになったVさんとの関係は徐々にうまくいかなくなった。喧嘩をすることが増え、間もなく二人の関係は終焉を迎えた。AはVさんに「退職しろ」とメールを送りつけ、面と向かっては「死ね」と言い放った。

Aによれば二人がうまくいかなくなった原因のひとつはVさんの性格が激しいことにあるとのことだったが、いつまでも便利な関係を続けようとする男性に対していわゆる適齢期にある女性が決断を迫り、みずからも決断しようとするのは当然のことだ。それに対して誠実に向き合わなければ女性が激するのも無理はない。ところがAにしてみれば、職場で「手をつけ」て今や関係が険悪になった女性が職場に居続けることは爆弾を抱えているようなものだから、辞めてもらわなければ困ると考えた。身勝手極まりない話ではあるが、昔はよく聞いたし、今でもしばしば聞く話である。それにしても、ただでさえひどい話だし、言うに事欠いて「死ね」はないだろう。しかもVさんは「死ね」ではなく「殺すぞ」と言われたと主張しているのだった。

逮捕

Vさんはただちに警察に被害申告したが、警察の反応はきわめて鈍いものだった。内容はよくある痴話喧嘩の延長のようであるし、Aの勤め先も身元もしっかりしている。警察がただちに動いて国家刑罰権を発動するほどの事件でもないだろうと見ていたに違いない。そしてその判断はあながち間違っていなかったと思われる。

ところが折悪しくその警察署の管内でストーカー殺人事件が起きた。恋愛関係のもつれを逆恨みした末の事件で、よりによって被害者が警察に相談に行ったその日に殺害されるという事件だった。警察は被害者の要望を容れてひとまず警告を発しようとしていた矢先のことだったらしいが、「ストーカー行為の危険性を十分に知らない被害者の意向に従っただけだった」として強い非難を浴びた。こうなってくると、しばらく前に「殺すぞ」と脅されているとの申告があった本件を放置するわけにはいかない。万一の場合には「またしても失態」と叩かれるだろう。警察はAを電話で呼び出し、出頭したところを逮捕した。

Aが驚いたのも無理はない。

「痴話喧嘩じゃないですか。世間一般にあることじゃないですか」と反論したが聞き入れられなかった。

この逮捕・勾留を受け、Aは休職を命じられた。

家族との連絡

S弁護士はAの妻と連絡をとった。妻は不倫の事実も知らなかったし、事件についてはとても信じられないとのことだったが、Aは言葉遣いが悪く、人の気持ちを考えない面があるのはたしかだとのことだった。

「ただ……」

妻はすでに警察で調書をとられていた。その中に言っていないことが書かれていて、訂正を申し立てても直してくれなかったのだと言う。

そのひとつは、結婚前に「殺すぞ」と言われたことがあると書かれたが、実際には「殺すぞ」などと言われたことはないというもの、もうひとつは今回の事件について「夫の性格なら起こりうることだ」と述べたように書かれたが、そんなことは言っていないというものだった。行き過ぎ、書き過ぎの調書になっていて、すごく気になっているとのことだった。

今時まだそんなに強引な調書を作っているのか。S弁護士は担当警察官に抗議をし、調書の訂正を求めた。警察は不承不承訂正に応じた。

S弁護士はまた、Aの実家とも連絡をとった。Aの父親のA評は、「ごく平凡な人間で、暴力を振るうこともないが、反面自己主張が強く、場合によっては人を傷つける表現をすることがある」というものだった。妻の評価とも共通するところがあり、冷静かつ的確な評価で、今回の事件とのつながりもよく理解できるものだった。Aにしてみれば、犯罪行為を行っているとの意識なしに不用意な言動を発したものなのだろう。

示談交渉

「殺すぞ」と言ったか「死ね」と言ったかの違いはあるが、いずれにせよAが、他のいろいろな言動とあいまってVさんが恐怖を感じる言動に及んだことは事実である。だからこそ、Vさんは辞めなくてもよい職を辞している。となると弁護方針は、罪を認めたうえで、早期に示談を成立させて起訴猶予に持ち込むことだ。起訴されて懲役刑に処せられれば、仮に執行猶予がついても職を失うことになる。示談がきわめて重要な意味を持つ。

S弁護士はすでに電話番号を変えている被害者の連絡先を問い合わせるために検察官に電話をした。これについては被害者に確認のうえ数日以内に連絡をもらえることになった。S弁護士はまた、併せて処分の見通しについて打診したが、検察官によれば、「彼、反省してないよ」とのことであった。

数日後、Vさんの代理人から連絡が入った。これによって示談の交渉が可能になった。被害者に弁護士の代理人がつくことは、被害者の権利の擁護に役立つばかりでなく、誠実に謝罪や損害賠償をしたいと考えている加害者の側にとってもありがたいことだ。S弁護士はさっそく示談案を作成して提案した。

これに対してVさんの代理人から示された示談案は、謝罪と慰藉料の支払いおよび面会や誹謗中傷の禁止を定めたのに加え、Aとの不倫についてAの妻からVさんに対して損害賠償請求がなされた場合の求償割合まで定める、念の入ったものだったが、処罰を望まない旨の文言は維持された。S弁護士はAの意向を確認のうえ、この示談を成立させた。

処分

Ｓ弁護士はあらためてＡに自身の言動を振り返らせた。ＡがＶさんに投げつけた言葉は、「俺の前から消えろ。退職しろ。何やってるんだ。俺の指示に従え。お前の意思などない」等々、当初述べていた以上に執拗かつ激しいものだった。Ａは検察官に対してもそれらを素直に話したうえで、謝罪の言葉を述べた。

示談が効を奏して、Ａは処分保留で釈放され、のちに起訴猶予処分とされた。Ａは失職を免れることができた。

本件の弁護活動は、やるべきことをやるべきときに淡々と行う弁護活動だったように思う。不起訴にすべき事件をきちんと不起訴にすることは大切な弁護活動だ。

COMMENT

Ａの事件の前に起きた事件は「三鷹ストーカー殺人事件」として知られる。二〇一三（平成二五）年一〇月八日、トラック運転手の男が、一度別れた女子高校生から復縁を拒まれたことを根に持ち、ペティナイフを購入して同人の留守宅に侵入し、帰宅した同人を刺殺した事件である。被害者は事件当日の午前中も両親とともに三鷹警察署を訪れて相談をしていたが、それにもかかわらず殺人事件が起きてしまったことから、同警察署の対応が適切を欠いたとの非難が多く寄せられた。本件は、そういう事件の直後の事件だっただけに、警察としてもただの痴話喧嘩として放置することなどできなかったのだろう。

いくつかのストーカー殺人事件を経て、今日ではストーカー規制は一層厳しさを増している。他方SNSの普及などで、物騒な言動が記録に残ることが増えている。だから、本件のような事件は今後ますます増えるものと思われる。

また、最近では、自身で挑発を繰り返しておきながら、相手をストーカーとして訴える例も散見される。弁護の際にはそれまでの双方の関係や、直前のやり取りについて十分に把握することが必要だろう。

逮捕しに行こう

……麻薬及び向精神薬取締法違反事件

遠隔操作事件の展開

世間をにぎわせたコンピューター遠隔操作事件。佐藤博史弁護士の果敢な公判活動は、世間の注目を浴びたが、被告人の真犯人偽装メールの発覚とその後の犯行告白で、事件としてはごく普通の情状弁護事件に落ち着いた。

言うまでもなく、弁護人は、被告人が無実を主張するときは無罪を獲得するために最善の弁護をする義務を負う。のちに被告人が罪を犯していたことが明らかになったとしても、そのことを理由に弁護人を非難するのは筋違いである。そもそも被告人から無罪の弁護をしてくれと依頼されたら、たとえそれが疑わしく、まったく信用できない弁明だとしても、被告人の意に反して有罪の弁護ができないのが刑事弁護人に求められる倫理だ。ただ、このことを過日ツイッターに掲載したら、意外に反響が大きかった。より端的に伝えるため「凶悪犯罪の被告人から、真実の犯人は自分だが無罪を主張してくれと言われたときに、無罪主張に最善をつくさなければならないのが刑事弁護の倫理だ」と書いたら、真実を話すように説得すべきではないか、とか、黒を白と言いくるめるのは正義に反するのではないかという類の批判が少なくなかった。

もとより、被疑者・被告人が、あえて「真実の犯人は自分だ」と告白して無罪の弁護を依頼することなど皆無に近い。少なくとも私はそんな経験がないし、神山弁護士をはじめ、桜丘法律事務所の弁護士の誰一人としてそのような依頼を受けたことはない。見え透いた否認が通らないことを伝えることはもちろんだ。刑事弁護について世間の理解を得るのはまだまだ難しいと感じた。

無実を主張していた被告人が、途中で「実はやっていました」と言い出すことも、実はさほど珍しいことではない。経験の浅い弁護士であれば恨み言のひとつやふたつも言いたくなるところだろうが、ベテランの刑事弁護人であれば、佐藤弁護士も言っているように、「裏切られた」などという感情は抱かないだろう。

変な事件

当事務所に配属されたスタッフ弁護士のI君に被疑者国選の事件が配点された。麻薬及び向精神薬取締法違反の事件だが、その犯行態様は少し変わっていた。

被疑者は、二〇一三（平成二五）年六月のある日、六本木で、通りすがりの外国人に対し、「楽しいことない？」「ドラッグある？」などと声をかけた。すると外国人は、「コークあるよ」と答えたので、一〇万円でこれを購入した。被疑者は、付近のトイレに案内されて、外国人からコカインを手渡され、これをその外国人とともに鼻から吸引した。外国人はさらに別の場所に案内しようとしたが、被疑者はこれを断った。おかしいのはこの後だ。

被疑者は、そのまま麻布警察署へ直行し、警察官に対して、ビニール袋に入ったコカイン粉末を示して「外人がそこでドラッグを売っているから、逮捕しに行こう」「そのドラッグはこれで、相手の指紋もついている」などと申告した。しかし、警察官は、外国人を捕えに行くことなく、被疑者を取調室に連れて行き、尿の任意提出を促し、事情聴取をした。結局、この日、尿から陽性反応は出ず、被疑者は自宅へ帰された。

その後、被疑者が所持していた粉末の鑑定結果により、これがコカインであることが確認され、被疑者は二〇一四（平成二六）年の二月に逮捕された。逮捕まで時間が空いたのは、躁うつ病と舌癌で被疑者が入院治療を受けていたため、警察としても、被疑者の健康状態が回復してから逮捕する方針をとっていたことによる。

方針選択

接見に赴いたI君に対し、被疑者は、自分は売人の摘発に協力しようと思ってコカインを所持していただけなのに、なぜ自分が逮捕されるのかわからないと不満をぶちまけた。自分はむしろ良いことをしようとしたのに、売人を放置して、自分のほうを逮捕するとは何事かということだ。無罪を主張したい口ぶりだ。

たしかに被疑者はみずからコカインを警察署に持参している。しかし麻薬所持罪は所持の目的を問わないし、そもそも被疑者は購入から警察署に行くまでの間にみずからコカインを吸引している。犯罪を摘発するために購入したというのであれば、みずから吸引する必要はないはずだ。可罰的違法性がない旨の主張は到底できない。

I君が担当検察官に処分の見通しを尋ねたところ、本人が認めるならば、病気であることも考慮して、身体拘束を長期化させないようにするとのことであった。

これを踏まえてI君は、無罪主張の場合には勾留延長により身体拘束が延びる可能性が高く、かつ公判においても摘発目的の所持であるとの主張が通るとは限らない旨説明し、むしろ罪を認めて反省の情を示した場合には起訴猶予の可能性も十分にあるので、その方針でいくことが望ましい旨説明した。被疑者は精神的にも問題を抱えていたので、その説得は容易ではなかったが、I君は繰り返し丁寧な説明を行った。そしてその結果、罪を認める方針で臨むことになった。

甘い見通し

しかし、このときI君は検察官の意向を読み違えていた。検察官の「身体拘束を長期化させない」との言葉から、起訴猶予が濃厚と判断してしまったのだ。甘い判断は被疑者にも伝わる。調書作成について適切なアドバイスを受けていない被疑者は、以後の調べにおいて、多少自身の意に沿わない調書を取られても訂正の申立てなどすることなしに署名・指印に応じていたことが、後になってわかった。

I君は他方で勾留に対する準抗告を行った。所持していたコカインは押収されているから罪証隠滅を疑うべき事由はない。初犯で実刑の可能性がさほど高くない事案だから逃亡すると疑うに足る事由もない。釈放がとくに必要であることを伝えるために職業訓練の受講申込書や入院診療計画書などひととおりの書類を整えて申立てをしたが、結果は棄却であった。たしかに、被疑事実である麻薬所持に限ってみれば勾留の理由があるとも思えない事案ではあったが、麻薬の入手先について明らかでない現状では、裁判所としてはすんなりと釈放しづらい事案だろう。責任ある職務についているわけでもなく、今から職業訓練の受講をしようという程度では、裁判所も釈放してやりたいという気分にはならない。そのことの当否はさておき、まだまだ身体拘束に寛容な実務の現状に鑑みると、勾留の要件がないことについて丁寧に論じた申立書ではあったが、むしろ早期釈放の必要性について、より丁寧な説明と疎明が必要だったのではないかと思う。勾留延長もなく起訴猶予で終わるのではないかという甘い見通しから、型どおりの申立てになってしまったのだろう。それでは準抗告は通らない。

判決

検察官の処分結果は即決裁判手続による公判請求だった。根拠なく抱いた起訴猶予の期待は外れたが、第一回公判の即日に執行猶予付きの判決が言い渡される即決裁判であれば、早く社会に出たいという被告人の要望にもかなう。I君は被告人の意思を確認したうえで即決裁判手続に同意した。

期日では、改悛の情を示すものとして、被告人作成の反省文と母親宛ての手紙、就業意欲を示すものとして履歴書、釈放後の指揮監督を保証するものとして母作成の手紙と上申書を提出した。

被告人作成の反省文や履歴書は稚拙ではあったが一生懸命まじめに書いたことがうかがえる内容だった。母親の手紙は達筆で書かれた丁寧なもので、上申書ともども被告人に対する愛情の感じられるものだった。

検察官の求刑は懲役一年四月、即日言い渡された判決では、懲役一年四月に三年間の執行猶予が付された。

COMMENT

冒頭に紹介したコンピューター遠隔操作事件とは、二〇一二年（平成二四年）の初夏から秋にかけて、発生したサイバー犯罪事件である。犯人はインターネット電子掲示板を介して他人のパソコンを遠隔操作し、そこから航空機爆破や殺人などの犯罪予告を行い、当初は遠隔操作されたパソコンの持主四人が逮捕され、うち二名は自白までさせられたのであるから恐ろしい話である。警察は米国ＦＢＩの協力も得てＡを逮捕したが、Ａは佐藤博史弁護士を弁護人に選任して徹底的に争った。検察はなかなか決定的な証拠を示せないようであったが、公判の最中に名乗り出た「真犯人Ｂ」の犯行告白がＡの自作自演であることが判明したことから、Ａも犯行を自白するに至った。こうした経緯から、一部の者は佐藤弁護士を非難したり揶揄したりしたが、「自分は裏切られたとは思わない」と言い切った佐藤弁護士の姿勢は刑事弁護人として尊敬できるものだと思う。

初犯の薬物自己使用事件の刑の相場は懲役一年六月程度で三年間の執行猶予だ。一生懸命やっても手を抜いても結論にはほとんど差が出ない。自身の稼ぎのことだけを考えれば、また、量刑の結果だけを考えればなるべく手を抜いたほうがいいようにも思えるが、被告人の更生や再犯防止を考えると、やはり熱心な弁護をしてほしいと思う。更生や再犯防止が弁護人の仕事かということについて議論があるのは承知だし、自身の考えを押しつけるつもりは毛頭ないが、私は、関わった人間の後のことを考えてしまう性質なので、そういうことを考えないではいられないのである。

初の国選付添事件

……詐欺事件

出し子

二〇一四（平成二六）年のゴールデンウィークは面白みがないと、皆が言っていた。暦どおりの連休は五月三日から六日までの四日間のみで、しかも五月三日は土曜日だから、週休二日制の会社に勤める人にとってはもともと休日なので一日損した気分になるようだ。

弁護士の多くは休日も関係なく働いているから関係なさそうなものであるが、それでも休日は、法廷がなく、電話が鳴ることも少ないから、たまった仕事を処理するためには連休は貴重だ。そんな連休の只中、五月四日に当番弁護士の出動要請があった。被疑者は少年。オレオレ詐欺の出し子だ。ゴールデンウィークや盆休み、年末年始の当番は若者がやればいいのになどと勝手なことを思いつつ、接見に赴いた。

少年は通信制高校に通う一七歳。背が高く髪が長い今風の子どもだ。していたのは、上の者の指示を受けて「忘れ物を取りに来た」と称して物を取ってくる仕事だ。オレオレ詐欺の金の回収の仕事だということは最初からうすうすわかっていたし、途中から確信していた。ある日、非通知の番号からいい仕事があるという勧誘の電話があった。親から二〇万円の借金があり、それをいっぺんに返したかったから、稼ぎの悪いアルバイトではなくそちらの仕事に飛びついた。

仕事の前日に「明日の△時に□駅。着いたら電話するように」と指示される。当日連絡をして待機する。そして〝仕事〟が入ると目的の住所地と相手の氏名を教えられ、そこに赴く。「忘れ物を取りに来ました」というと、相手は「忘れ物ですね」と言って包みを渡してくれる。それを持ち帰って暗証番号式のコインロッカーに預ける。

〝仕事〟を始めてから、見破られて逮捕されるまでわずか二週間、その間一〇件近く、二千万円以上の受け子をした。

途中こんな仕事はしたくないと思い、言いわけをして〝仕事〟を休もうとしたこともあるが、「辞められると思っているのか」などと脅されて続けていた。

前歴

非行の程度がどれほど進んでいるのかと思って尋ねると、実は傷害事件を起こしており、審判を受けるところだったが、その最中に今回の事件を起こしたのだという。LINE（ライン）に悪口を書かれたので呼び出して暴行を加えた。示談はまだできていない。相手が悪口を書いたことを認めないからだそうだ。悪口を書いたことを認めようが認めまいが、暴力をふるってけがをさせたら言いわけのしようがないだろう。加害者側が示談をしない理由にはならない。到底社会に受け入れられない考えだと説明した。

少年のもっぱらの関心はいつ出られるかということだった。勾留が終わったら家裁に送致されて、一〇〇％観護措置の決定がなされるだろうと説明した。

接見後、親に電話した。ひととおりの説明をして、傷害の示談について話した。少年の言うとおり、先方にもLINEに悪口を書いた非があるから、一方的にこちらが悪いと言われるのはどうか、という反応だったので、それは違うと説明した。そんなことでは観護能力が疑われる。現に今回の事件は被害が多額に及ぶオレオレ詐欺の実行犯なのだ。

方針

被害額の大きさから言って、成人だったらただちに実刑が予想される事件だ。そう考えれば少年院送致が当然ということにもなろう。そこを、刑罰でなく、矯正・保護を目的とする少年法の理念から、社会内での矯正を求める、具体的には保護観察に付する処分を求めることを弁護の方針とした。

そうなると、必要なことは、本人が内省を深めることと環境の調整だ。

刑事事件については反省させるのは弁護人の役割ではないという弁護士も少なくないが、こと事実に争いのない少年事件に関しては、反省を促すことが重要だと考える弁護士が大多数だろう。『反省させると犯罪者になります』というようなタイトルの本も、そのタイトルに惹かれて読んだけれど、それは上っ面の反省をさせてそれで良しとすることを問題にしているにすぎないものだった。過去を振り返り、これからどのように生きていくか内省を深めることは本人にとって大切なことであるし、少年保護の観点から、その手助けは弁護士の重要な仕事であると思う。

二度目の接見の際、少年は、知らない人から突然電話で出し子の仕事を知らされたという先日の弁解は嘘だと告白した。実際は不良仲間の紹介だった。小さな告白は、不良仲間と縁を切るという決意の表れだった。とはいえ、まだ自分の処分の行方ばかりが心配な様子だ。「どうなりますかねえ」と聞いてくる。成人なら実刑だけど、少年の場合はその保護が目的だから、一概に言えないと説明する。いずれにしても君がきちんとしなければ、と言い添える。

三度目の接見は遠方の両親の面会の後だった。両親が、自分のことを案じてくれる様子を見て、改めて大変なことをした、申しわけない、と思ったようだ。私に対して、「今回のことで一番迷惑をかけたのは両親だと思う」と言った。けれどもこれは捨て置けない。自分のことしか考えられなかった少年が両親に対して申しわけないという気持ちを持つようになったことはいい。しかし〝一番迷惑をかけた〟のは両親ではなく被害者だ。両親が全部弁償してくれたのならともかく、両親には到底その資力はなく、それぞれの被害者は何百万円もの被害を被っているのだ。犯人が、自分の両親に一番迷惑をかけたなどと言っているのを聞いたら被害者でなくともふざけるなと言いたくなるだろう。なるべく自分の頭で考えさせるようにしているのだが、ここだけはこの場ではっきりさせなければならないと思った。もっと被害者のことを考えなければ反省にはならない。

少年の努力

少年は、少年なりに内省を深めていった。怠けがちだった学業についても、課題のレポートに取り組み、その多くを仕上げた。これまでになく丁寧なレポートは教員に褒められた。難しかったのは被害者に対する償いを考えることだった。これから自分がきちんと生きていくことだと思う、というような回答が出たりする。いやいや、被害者は君がどう生きていこうと知ったことではないと思うよ、などと混ぜ返してさらに考えてもらう。

国選付添

家裁送致後は付添人援助制度を利用して付添人になった。審判期日は六月中旬に指定されたが、余罪により再逮捕され、少年は再び被疑者になった。そして七月下旬に改めて家裁送致。少年法の改正により、詐欺罪にも国選付添人が付されるようになった結果、今度は国選付添人に就任した。

審判は八月下旬に開かれた。審判官の質問に対する少年の答えは真摯に考え抜かれたものだった。

被害者には本当に申しわけないことをした。一生懸命に貯めたお金を騙し取ったこと、それも、子や孫を案ずる気持を利用して騙したことは最低のことだったと思う。いっぺんに返せる金額ではないけれど、働いて、少しずつ返して行きたい。釈放されたら、受け入れを約束している会社で働きながら通信高校を卒業する。その後、美容学校に行き、美容師になって返済を続けたい。

四カ月足らずの間によく考えたと感慨に耽りながら答えを聞いた。見ると鑑別所の職員もすすり上げている。

付添人意見はもちろん保護観察だ。

けれども審判は中等少年院短期送致だった。少年の反省の深まりを評価して、本来なら逆送あるいは少年院長期とするところを短期としたとの説明だった。残念ではあるがやむをえないというところか。

努力が無駄になったと思わぬように少年を励まし、また少年院には、少年が高校を卒業できるように配慮を要請していきたいと思う。

COMMENT

故意の犯罪により被害者を死なせた場合など、重い刑罰が定められている罪のみが対象とされていた国選付添人制度は、二〇一六（平成二八）年六月一八日から、長期三年を超える罪にまでその対象を広げた。本件はその直前に逮捕された少年が家裁送致された後に、国選付添人に選任されたケースである。私にとっても文字通り、初めての国選付添事件であった。

オレオレ詐欺に始まる特殊詐欺については警察も手を変え品を変え啓蒙活動を行い撲滅を目指して活動しているが、詐欺犯も次々とバージョンアップした手口で騙してくるのでなかなか被害が減らないようだ。

そこで重要な役割を果たすのが出し子とか受け子と呼ばれる役割だ。実際に金を回収してくるのだから、最も危険な役割なのだが、そこに利用されるのが使い捨ての少年たちだ。中学高校時代の遊び仲間や先輩後輩の関係を通じて仲間に引き入れ、小遣い程度のはした金を渡して危険な仕事をさせる。本件の少年も、〝仕事〟を初めてわずか二週間後には逮捕された。その間に稼いだ金は二千万円。得たものは少年院送致というペナルティだ。

この事件では少年に内省を深めさせることを重視した。規範意識の緩い人間の特徴は共感能力の低さだと思う。自分あるいはごく身近な人間に対しては一定の共感を示せるけれど、少し距離の離れた人間に対しては何らの共感もなく、無関心だ。だから、ひどいことも平気でできるし、反省を迫ると親に申しわけないなどと言い出す。たしかに、少年のせいで親は泣いていると思うが、それ以上に被害者だろう。そんなことを考えさせていくのには時間がかかる。けれどもそれを真剣に受け止めることができる少年も少なくない。

本件の少年は、審判の場でそれをきちんと示すことができたと思う。少年にとって最良の結果とはならなかったが、その後の成長に少しでもプラスになることを願った。

老々介護の悲劇

……殺人事件

妻殺し

N弁護士とK弁護士が受任した殺人事件は夫による妻殺しだった。加害者Aさんは九〇歳、被害者Vさんは八七歳という、加害者も被害者も老人の夫婦間の殺人事件だった。

Aさん夫婦は仲の良い夫婦だった。健康にも恵まれ、長い間病気らしい病気をすることもなく過ごしてきた。最近でこそAさんはパーキンソン病を患い歩行が不自由だが、杖を突けばまだ歩ける。子どもも独立し、悠々自適の余生を過ごしていた夫婦に転機が訪れたのは二〇一四（平成二六）年三月のことであった。Vさんが胃がんと診断されたのである。

Vさんは胃の全摘手術を受け、三カ月の入院生活を送ることになった。

老人は筋力の衰えが早い。長期の入院生活で足腰がすっかり弱ってしまったVさんは、六月七日、退院したその日からリハビリテーションのために介護老人保健施設に入所した。けれども自宅でAさんと仲睦まじく暮らしていたVさんは自宅に帰りたくて仕方なかったのだろう。施設に入所して一週間後の六月一四日、一時外出の許可を得て息子の付添いで買い物に出たところ、もう施設には戻らないと言い出した。車を施設の前に停めると、歩道の上に座り込んで抵抗する。いくら説得しても戻らないと言い張る。どうしても戻すならここで車道に飛び込んで死ぬとまで言う。

自分ではとても対応しきれないと思った息子はAさんを呼び出した。父なら母を説得できるだろう。けれどもVさんはAさんの説得にも頑として応じなかった。Aさんと息子はやむなく施設から二泊三日の外泊許可をもらってその間にVさんを説得するべく自宅に連れ帰った。

在宅看護

Aさんと息子は、帰宅後も、リハビリの必要性などを説き、施設に戻るよう説得したが、Vさんは施設の不満を言い募るばかりで説得に耳を貸そうとせず、しまいには施設に入れようとするAさんや息子を激しく非難するようになった。六月一六日、施設に戻すのは困難と判断したAさんは退所の手続をとって、Vさんを自宅で看護することにした。

　Aさん宅には六月一四日から息子の妻のBさんが泊まり込んでくれていたが、入院時の看護で疲れがたまっていたBさんは体調を崩し、六月一七日には自分の家に戻らなければならなくなった。

　Vさんが行方不明になったのはその翌日、六月一八日のことだ。同日朝、地元の信用金庫から、Vさんが通帳も持たずに押しかけて来て預金を下ろせと言って聞かないという連絡があった。息子は急ぎ信用金庫に駆けつけたが、Vさんはすでに店を出た後だった。息子は心当たりを探したが、Vさんは一向に見つからない。しかし午後三時ころ、再び信用金庫から、Vさんが来店しているとの連絡があった。今度は間に合った。けれども今度は家に帰りたくないと言って駄々をこね始めた。息子だけでは対応できず、近所の人まで説得に駆けつけてくれて、自宅に連れ帰ることができたのは午後一一時だった。

　六月一九日、Vさんが美容院に行きたいというので息子が付き添って連れて行った。この日のVさんは息子の言うことをよく聞いて、午後五時に自宅に戻るまでなんの問題も起こさなかった。息子は安心して自分の家に帰宅し、この日は何事もなく過ぎた。

犯行

六月二〇日、長男もその妻のBさんも帰った家はAさんとVさんのみだった。Aさんはいつもどおり午前七時頃起きておかゆの朝食をすませた。Vさんはいつもより遅く、午前九時頃に起きてきた。Vさんはおかゆを見るなり、Aさんを姓で呼んで「私は〇〇さんとはご飯食べないよ」と言った。Aさんはご飯を一緒に食べないと言われたこと自体よりも「〇〇さん」と姓で呼ばれたことにショックを受けた。何を言っているんだ。お前だって私の妻で、〇〇さんではないか。六〇年も一緒にいて、どうして今になって他人のような言い方をするのか。Aさんは心底がっかりした。けれどもVさんはさらに追い打ちをかけた。

「私がこんなになったのはあんたの責任だ。どうしてくれるんだ」。こんなになったというのは介護施設に入ることになったことを指すようだ。

違うだろう。がんの手術をして、三カ月も入院して、その間、夫であるAさんのみならず、すでに独立している長男夫婦もほぼつきっきりで看病し、退院後はすっかり足腰の弱ったVさんのリハビリのために施設に預けたのではないか。

けれどもVさんは聞く耳を持たなかった。

温泉に連れて行ってくれたら介護施設に入るという約束をしていたが連れて行かずに施設に入れた。あんたの責任だ。あんたは人の苦労を知らない。嫌な所にむりやり私を押込もうとしている。どうしてくれるんだ。とAさんを責め立てた。Aさんがたまらず自室に引っ込むとVさんは部屋に押し掛けてきて、なおも、あんたの責任だと繰り返しながらAさんを責め続けた。

Vさんはそう診断を受けているわけではないが、認知症が進んでいるように見受けられた。自身の健康にも不安を感じ始めているAさんは、先が思いやられる気分だった。Vさんの悪罵をぼんやり聞き流していると、ベッドの下に洗濯ロープがあるのに気づいた。Aさんはロープを手に取ると、Vさんの首に巻きつけ、両手でロープの端を引っ張って、Vさんを絞殺した。警察にはAさん自身が一一〇番通報して、Vさんを殺してしまったことを告げた。

弁護活動

弁護人は、裁判員裁判での審理を充実させるために、証拠の圧縮を図った。事実に争いのない本件では、遺体の解剖写真なども示す必要はない。公判前整理手続により、争いのない部分は検察官の統合捜査報告書を利用することとされた。そのうえで、争点を明確にした。

弁護人は、本件の争点を、大きく、①動機に同情の余地があるか、②犯行態様が悪質かどうかの二点に絞った。

一般情状を挙げれば、Aさんは長年警察官としての職務を誠実に行ってきたし、夫婦仲も円満であった。また、Aさん自身深く反省しているうえ、高齢であるなどの事情がある。けれども情状の要は犯情である。犯罪行為自体の悪質さで刑の大枠が決まり、一般情状はそれを微調整する要素として働くにすぎない。

検察官は、犯罪行為に関する事情として、❶結果が重大であること、❷犯行態様が執拗かつ残忍であること、❸強い殺意に基づく犯行であること、❹動機が短絡的であることを挙げ、懲役五年の判決を求めた。

これに対して弁護人は、本件はAさんが精神的に追い詰められてしまった末の犯行であって、短絡的なものとは言えず、動機は同情できるものであると主張した。また、検察官が執拗と評価する犯行態様も、Aさんの身体が不自由なため首を絞める時間が長くなったにすぎず、犯行態様の悪質さにはつながらないと主張した。

自首の成立には争いがない。

これらを踏まえて量刑データベースに基づく説明を行った。凶器使用、犯人一人で犯罪組織の関係がない殺人の量刑は、懲役一二年、七年、三年あるいは執行猶予という三つの山に分かれる。上記の犯情に照らせば本件はこの三つ目の山、三年あるいは執行猶予という事件である。なお、人命が損なわれたという結果の重大性は、殺人罪の当然の前提になっているので、量刑を左右する要素とはならない。

そのうえで一般情状として、AさんVさん夫婦が仲睦まじく写っている写真を示し、かつ法廷での供述態度なども引用し、Aさんが深く反省していること、息子夫婦も執行猶予を望んでいることなどを説明して執行猶予付き判決を求めた。

言い渡された判決は、懲役三年、五年間の執行猶予というものであった。ポイントを押さえた弁護活動が奏功したと評価できると思う。

COMMENT

長年仲睦まじく暮らしてきた老夫婦。自身も身体が不自由な九〇歳の夫が、認知症を発症して夫や家族の話にまったく耳を貸さないばかりか散々悪罵を投げつけてくるようになった八七歳の妻を思いあまって絞殺した、被害者だけでなく、加害者もまた気の毒な事件である。そして、加害者も気の毒な状態に置かれていたことを裁判員に説得的に示すことが重要なポイントとなる事件であった。

二つ挙げた争点のうちのひとつが、動機に同情の余地があるかというものであった。息子夫婦とともに、献身的に妻の看護を続けてきたこと、息子夫婦も疲弊しつつあり、これ以上迷惑はかけられないと思ったこと、夫自身が一人で妻を支えなければならないとの決意が、妻が繰り出す悪罵によってくじけてしまったことなどを丁寧に裁判員に伝えた。

そして、もうひとつの争点は犯行態様が悪質かどうかという点である。もともと殺人事件であるから、事件の性質自体がそもそも悪質であることはたしかだ。だから、大切なのは、その殺人の罪の中でどのあたりに位置する事件なのかを正確に示すことだ。この点は、量刑データベースを利用する上でも重要なことで、弁護人としては習熟しておくべき点である。

巻き込む共犯者

……強盗致傷事件

押込み強盗

事務所の前の坂道の桜もすべて葉を落とした晩秋の頃にI弁護士とO弁護士が受任した事件は押込み強盗の致傷事件、裁判員裁判対象事件だった。

被告人AとBは、二〇〇九（平成二一）年七月、Cと共謀のうえ、宅配業者を装ってV宅に侵入し、「金だ、場所を教えろ」などと申し向けてVの顔面や頭部を数回殴るなどの暴行脅迫を加え、現金一千万円と宝石類を強奪し、Vに全治二週間の打撲傷を負わせたというのが被疑事実だ。I弁護士とO弁護士はAの国選弁護人として活動を開始した。

接見すると、Aは容疑をきっぱり否認した。V宅に侵入したこともないし、共謀したこともないと言う。ならばあれこれ弁解しようと余計なことを話すべきではない。両弁護人は黙秘を指示した。

黙秘は、できる被疑者とできない被疑者がいる。知能や学歴などとは関係ない、性格、性分によるのだろうと思う。幸いAは難なく黙秘を貫いた。否認事件であるにもかからず、被疑者段階での接見は九回で済んだ。

Cの供述

AとBが逮捕されたのはCの供述がきっかけだった。Aから見て、Bは中学の先輩、Cは一時同じ暴走族に加入していた後輩である。BとCはAを介して知り合った。またAとCは二〇〇九年二月に別の強盗致傷事件を起こしたことがあった。

Cは二〇一二（平成二四）年一一月、当時未解決だった本件強盗傷人事件は自分がA、Bと共謀して行ったものだという手紙を、かつて留置されていた原宿警察署に送りつけた。その手紙には、被害申告になかった貴金属も奪った旨が記載されていたので、警察が改めて被害者に確認したところ、どうせ戻って来ないと思って申告しなかったが、実は貴金属も奪われた旨話したことから、警察は色めきたった。

改めてCを調べたところ、貴金属を処分した質屋が判明した。そこではCの名でネックレスが、Aの名でブレスレットが売却されていた。また、Cによれば、犯行に用いた車も、Aが事務所当番をしていた暴力団の組員の車を盗んで使用したものだとのことであったところ、同車両の盗難の事実も確認できた。
以上の捜査を踏まえて、検察官はA、B、Cを起訴した。

巻き込む理由

無実の者が「共犯者」の供述によって事件に巻き込まれることは少なくない。けれども官に発覚していない事件をわざわざ申告してまで他人を巻き込むことはさほど多くないと思われる。また、数カ月前に同様の事件を共同で行っているとなると、本件も共犯だとの主張は説得力があるように感じられる。Cの供述が巻き込みだというためには説得力ある理由が必要だ。

第一に考えられるのは、二〇〇九年二月の事件の逆恨みである。この事件では、CはAに誘われて参加したのであったが、その量刑はAと変わらなかった。Cは、Aの誘いに乗ったためにひどい目に遭ったとAを恨んでいた。また、量刑がAと変わらないことも不満に思っていた。

しかしそれでも、自分自身が窮地に陥るような犯罪の申告をするかという問題はある。そこで第二に考えられるのは、Ｃの精神疾患あるいはパーソナリティ障害である。弁護人は、公判前の手続において、Ｃが当初在監していた黒羽刑務所と、その後統合失調症の診断を受けて移監された八王子医療刑務所を照会先とする公務所等に対する照会を行った。

照会の結果、Ｃは反社会的パーソナリティ障害と診断されていることが明らかになった。そうであれば、自身の不利益も顧みずに嘘をつくことも理解できる。

被害者供述

通常であれば、犯人を目撃している被害者の供述が犯人と被告人との同一性を立証する最大の証拠になる。ＶはＡが犯人に「似ている」と供述していた。しかし、Ｖは被害当初、示された写真の中からＡを特定できなかったのだ。事件後三年を経て、Ｃの供述を得て再捜査の段階で作成された調書で「似ている」と言われても、到底額面どおりに取ることはできない。

それゆえ本件は、被告人が犯人の一人かどうかが唯一の争点とされ、Ｖの供述の信用性以上に共犯者であるＣの供述の信用性が検察官立証の中心とされた。

検察官の主張

検察官は、Cの供述は、①自首の経緯および内容、②その裏づけの状況、③Aとの関係から信用できると主張した。より具体的には、

① 重い刑が科せられる強盗傷人を、捜査の追っ手も迫っていない段階で自首するのは相当な覚悟が必要で、それをしたのは本当のことを話して楽になりたいという気持ちからであった。

② 被害申告もなされていなかった貴金属の盗難はCの供述どおりになされていた。またその一部を、事件から一カ月半後にAが質屋に持ち込んでいる。犯行に使用された車両もAが関係する暴力団の組員のものであり、その車両がCの供述どおり、盗まれ、遺棄されたものであった。

③ Cには犯人でない人物を陥れる利益はないし、Aを陥れる理由もない。

という理由から、Cの供述は信用に足るというのである。

しかし、①のような経緯や内容は、Aが共犯者であることの裏づけになるものではない。検察官の主張は、「本当のことを話して楽になりたかった」と自白の動機を語っているから、その供述内容はすべて真実だというものであるが、そもそも「本当のことを話して」いるかが問題となっているのであるから説得力はない。
②についても、貴金属の盗難が事実だったことはAが共犯であることを示すものではない。車両についても同様である。使用された車両がCの供述どおりの盗難車だったとしたら、もっとも怪しいのはC本人であろう。被害者がたまたまAの関係者だからといってAが盗んで調達してきたとするのは強引にすぎる。Aが怪しく見えるのは貴金属の売却の事実のみである。
③についての検察官の主張はAが共犯者であることの理由とするにはまったく説得力に欠けるものである。こうした巻込みの多くは「共犯者」を罪に陥れる理由がなく、そうすることの利益もないにもかかわらずなされているからだ。

弁論

「信用できるのか、間違いないと言えるのか、裁判のポイントはこの一点です」。

O弁護士の弁論はこの一言から始まった。そして、決め手とされるC供述のいずれもが、共犯者がAでなくとも説明できる内容であることを指摘した。

問題となった貴金属の売却の点も、Cに対する貸金の弁済として受け取った物をCとは別の日時に、自身の運転免許証を示して売却したものであることを明らかにした。さらに犯行に使用された車両についても、Cの供述ではメインキーを使用して運転したことになっているが、現実にはメインキーは盗まれていないこと、他方、スペアキーについてはC自身も入手することが可能な立場にあることを確認した。

そうしてC供述の根拠となる事実を丹念につぶしたうえで、当初から犯人を、Aのみならず C さえも写真から特定できなかったVの証言が信用に足らないものであることを指摘した。そして最後にあらためて、C供述がCの逆恨みやパーソナリティ障害、あるいは精神病を装って受けた投薬の副作用などの影響を受けたもので、そもそも信用性に乏しいものであることを強調した。

論告と弁論を聞き比べる限り、勝敗は明らかなように思えたが、判決は、意に反しての有罪であった。

「共犯者」のBには一足先に無罪判決が言い渡されている。それでもAが共犯だとする供述は信用するに足るという判断は到底納得できない。

COMMENT

犯人が他人を巻き込むことはしばしば見られる。記憶違いや勘違いの場合もあれば、故意に巻き込む場合もある。グループで何度も同様の罪を犯している場合や、多数の者が関与した罪などでは記憶違いや勘違いが生じやすいが、本件のように少数の者が一、二回犯した罪についてはその可能性は低い。そうすると、故意による巻込みだということになる。

故意による巻込みは、巻き込んだ共犯者がぶれることがないから、巻込みの反証は難しい。まず、巻き込む者にはっきりとした動機がなければならない。また、関与をうかがわせる証拠についても合理的な説明が求められる。

本件では、反社会的パーソナリティの障害を持つCの逆恨みによる巻込みを主張した。目撃証人に対しては記憶の不正確さを指摘し、A名義での貴金属の売却や、Aが関与する暴力団組員の自動車が利用された点についても一応の反論を行うことができた。それでも主張が容れられなかったのは本文で述べたとおりだ。同様に巻き込まれたＢについては無罪の言渡しがなされたことを考えても、Ａが犯人であることにつき「合理的な疑いを入れぬ」程度の証明がなされたと言えるのか、疑問の残るところである。

煙草入れの大麻

……大麻取締法違反事件

日曜の電話

五月のある日曜日の朝、息子Aが逮捕された、依頼している弁護士とは連絡がとれないのでセカンド・オピニオンとして相談に乗ってほしい、という電話が入った。電話を受けたのはK弁護士だ。事件の経緯はこうだ。

二週間ほど前、A君はインド人の友人とドライブしていた。公園で車を停めて休んでいたところ、職務質問を受けた。その際、車内から大麻が出てきたため、車の持主である友人はその場で逮捕された。

その大麻は、コンソールボックス内の煙草の箱に、煙草と一緒に入っていた。A君は、このときは逮捕を免れた。

知合いの弁護士にこの件を相談し、弁護人選任届も書いたが、これまでに特に動いてもらってはいなかった。

ところが昨日の朝、警察が家にやってきて捜索をした。何も出なかったが、話を聞きたいと言ってA君を警察に連れて行ってしまった。そしてしばらくして、「息子さんを逮捕した。月曜日に検察庁に連れて行き、火曜に裁判所に連れて行くことになる」という電話があった。被疑事実は大麻の共同所持だった。実は大麻の包みが入っていた煙草はA君のものだった。A君は、煙草は自分のものだが大麻は知らないと言ったが、聞き入れてもらえなかった。

週末なので選任していた弁護士とは連絡がとれないとのことだった。

事件受任

A君は私立の一流大学を優秀な成績で卒業し、一流の企業に勤めていた。薬物はもちろんのこと、いかなる前科前歴もなかった。しかし、薬物で長く勾留されるようなことがあれば職を失いかねない。まずは勾留の阻止に向けて活動すべきだろう。となれば日曜はその準備に充てなければならない。

Ｋ弁護士は、母親に事務所に来てもらい、勾留を阻止するために有用と思われる資料を収集した。また、母親の申出により、母親から弁護人の選任を受けた。そのうえで警察署に向かい、Ａ君に接見した。Ａ君は無実を訴え、Ｋ弁護士に弁護を依頼したいとの意向を示した。

Ａ君は両親と同居しており、証拠物はすでに押収されている。家宅捜索は済んでいて、何も出てきていない。共犯者とされるインド人はすでに勾留されていて、これと会って口裏を合わせることもない。Ａ君を勾留する理由はないはずだ。週明けのスケジュールが警察の言うとおりなら、月曜は検察官に対して勾留請求をせずに釈放するように申入れをし、それでも勾留請求がなされた場合には、火曜に裁判官に対して勾留請求を却下するように申入れをしなければならない。

勾留決定

Ｋ弁護士は週明けの月曜午前中に、弁護人選任届を提出するとともに、検察官に対して勾留請求をしないように申し入れたが、検察官は、「お話は聞いておきますが、判断はこちらがいたします」とつれなく、結局申入れは容れられなかった。とはいえ、ここまでは想定内、翌日の勾留決定を阻止できるかどうかが山場だ。

翌火曜日、K弁護士は勾留質問の前に裁判官に面会を求めた。そして、本件勾留は要件を欠くこと、勾留が続けば会社を辞めざるをえなくなることなどを説明した。黙って聞いていた裁判官は、K弁護士の説明が終わると静かに言った。

「お話はわかりましたが、やはり二号（罪証隠滅）が問題になります。証拠は煙草の箱だけではありません。ほかにも気になる点があります」。

「それは何でしょうか」と食い下がるK弁護士に、裁判官は「交友関係です」とだけ答えた。そうして勾留決定がなされてしまった。

K弁護士は当然のことながら準抗告を考えたが、裁判官の口ぶりから、まだこちらが把握していない事実があるように思えた。だとすると、準抗告が奏効する可能性は低い。そうであればむしろ会社に対する対応を優先させたいと考えた。

会社には、母親から、体調が悪くて数日欠勤する旨伝えていたが、勾留されてしまった今となってはとてもそんな言いわけではすまない。

水曜日、K弁護士は母親とともに会社の上司を訪ねて事情を説明した。大麻の共同所持とされているが、A君は大麻を吸引したこともなく、今回の所持についてもまったく身に覚えがないこと、自宅を捜索しても大麻の使用を裏づけるものは何も出なかったこと、今回の勾留は要件を欠くものであり、本来であれば釈放されるべきであることなどを伝えると、上司は納得してくれた。

この日は検事調べの日だった。K弁護士はこの日の夜、A君と接見し、被疑者ノートを差し入れた。また、A君からさらに詳しい事情を聴いた。

事件当日、A君らは渋谷で他の友人と待合せをして、居酒屋で飲んだ。二時間ほどして車に戻ったが、二人とも酔っていたし、おまけにA君は無免許だったので、酔いを醒まそうということで車の中で休んでいたのだった。

また、逮捕された友人は、逮捕された際に自分の携帯をA君の鞄に入れたのだった。携帯には当然電話帳が入っている。そして、友人が大麻を購入していたのは、A君も知る共通の知人からだった。捜査官が大麻について共同所持だと考えたのも無理からぬところがあった。

翌木曜日は、K弁護士のもとに会社の人事担当者から連絡があり、詳細な説明を求められた。K弁護士は必要な事実を簡潔に答えた。

他方、A君はこの日検察官の取調べを受けていた。居酒屋から車に戻ってからの行動について、友人が車を運転していないか、友人が大麻を巻いているところを見ているのではないか、その間運転席で見張っていろと指示されたのではないかと質問された。もちろんいずれもＮＯと答えた。

車の中で休んでいる間、友人がこっそり大麻を巻いていようなどとは思ってもいなかったし、まして見張りをしろと命じられたりしたことはない。

ただ、この日の調べでＡ君には不安材料がひとつ生まれた。自動車教習所に通っているＡ君が、免許を持たずに、かつ酒気を帯びて自動車を運転したと疑われているのではないか。そうでなければ、なぜ運転席に座っていたのか、と。

車はベンツだ。自動車に興味を持つ者なら、スポーツカーや高級外車の運転席に座ってみたいと考えるのは普通のことだが、それが誤解されないか。もしかしたら公園わきの道路に設置されているＮシステム（自動車ナンバー自動読取装置）様の監視カメラの画像で何か証明できないか。

釈放

Ｋ弁護士は三日後の日曜、母親を伴って代々木公園に行き、監視カメラを確認した。正確には識別できなかったが、カメラはＮシステムあるいはＴシステム（自動車移動時間測定装置）のものと思われた。いずれも原理は同じで、通過するすべての車両の撮影をし、ナンバーでその識別を行うものであるが、全車両の運転席の画像までを保存することはないとされている。したがって、その確認を求めてA君が運転をしなかったことを証明するのは難しそうだったが、そのことは逆に、検察官のほうでもA君が無免許運転をしたことを立証することができないことを意味した。

K弁護士はその日の夜接見に赴き、A君に調査の結果を伝えた。

そして週が明けた月曜日の午後、A君は釈放された。K弁護士のもとには「Aが帰って来ました。先生にお願いして本当によかった」と電話があった。A君はその日から会社に出勤した。

K弁護士が処分についての問合せをしたところ、不起訴で処理をしたとのことだった。特別なことをしたわけではないが、初動の早さと地道な活動が功を奏した事件だった。

COMMENT

東京地裁はじめいくつかの裁判所では近時の勾留請求の却下率は一〇%を超える。だから勾留を防ぐための活動は極めて重要である。それなのに、せっかく当番で出動しても勾留を防ぐ活動をすることなく貴重な時間を無為に過ごしてしまう弁護士が少なくないのは残念なことだ。本件はそうした経緯からの受任ではないが、いずれにせよ、選任していた弁護人が動くことができず、困った家族からセカンド・オピニオンとして相談を受けたK弁護士が受任に至ったものだ。

K弁護士の動きを追うと、日曜日受任、月曜日検察官に申入れ、火曜日勾留裁判官と面会、水曜日会社の上司に説明、被疑者ノートの差入れ、木曜日会社の人事担当者に説明、日曜日公園の監視カメラの確認、月曜日釈放という流れだ。

勾留決定はなされてしまったが、延長されることなく釈放され、不起訴になったのは、K弁護士が、勾留の必要がないことや、A君が大麻と無関係であることを種々の理由を挙げて主張したことの成果だと思う。

覚えていません

……強姦致傷事件

記憶がまったくないという主張

強姦致傷事件について、裁判員裁判の二人目の弁護人として選任を受けた。事案は深夜二時頃、帰宅途中の女性を襲い、カッターナイフを突きつけて脅したうえ、口淫させ、さらに財布を強奪した。口淫でことが済んでしまったので性交の目的は遂げなかった。また、一連の暴行により加療七日間の傷害を負わせた、というものだ。

被告人はすでに住居侵入、強盗、窃盗で起訴されている。

これに対して、被告人は、すでに起訴された件についてはおおむね認めているものの、追起訴にかかる強姦致傷についてはまったく記憶がなく、心当たりがないという。

この種の事件で「記憶がない」というのは要注意だ。たいていの人は「やっていない」

と断言できる犯罪だからだ。とは言え「やっただろう」と勝手に決めつけるわけにはいかない。被告人にはよく考えてもらうことにして、検察官に、被告人を特定するに足る証拠があるのか問い合わせた。

検察官によれば、街頭の防犯カメラが被告人の姿を捉えているとのことであった。実際に開示された複数のカメラの映像は、たしかに、被告人と思しき人物が被害者の後を追うように歩いていることを示していた。そして、それ以上に被害者の着衣から精液が検出され、そのDNA型が被告人のものと一致していた。

被告人には、精液のDNAまで一致している以上、性的な行為をしたことを否認して争うのは難しい旨伝えた。被告人は、それでも、どうして自分の精液が検出されるのかわからないと言っていたが、口淫をしたことは認めることになった。ただ、行為の後に財布を奪ったことについてはまったく記憶がなく、認めがたいとのことだった。

公判前整理

本件では、犯行直後、被害者が近隣住民に助けを求めていた。両手を粘着テープで緊縛されたまま、下着もずり下げられたまま、応対に出た女性に、泣きながら性的な暴行を受け、財布を奪い取られたことを訴えていた。応対に出た女性の供述も調書に取られている。したがって、被害者が主張する時刻に被害者が主張するような犯行がなされたことは、ほぼ間違いないことと思われた。

これだけのことをして「まったく覚えていない」というのでは、裁判員の怒りを買うばかりだろう。被告人の記憶の喚起に役立つような証拠については開示を求め、検察官は積極的にこれに応じてくれた。

公判前整理手続を重ね、争点が絞られた。それは、口淫後、財布を盗った行為が、その際の言動と相まって強盗に当るか窃盗に当るかという点、口淫に止まり姦淫に至らなかった点が、自発的なものとして有利に考慮すべきか否かという点、被害者に傷害を負わせないように注意を払っていたと言えるか否かという点および先行起訴事件である住居侵入強盗の被害品の内容であった。

このうち、財布を盗った行為が強盗と窃盗のいずれかという点については、検察官から高裁判例を挙げたうえで、争う余地がないのではないかとの指摘がなされたが、口淫の際の反抗抑圧状況を利用したと評価できるか、新たな反抗抑圧手段を講じたと評価できるかについて争う余地があると主張して、争点に残した。自分の行動パターンからしてそこで強盗はしないはずだと主張する被告人が争うことができるわずかな争点だった。

検察官側の立証については、争いのない部分について統合捜査報告書によって行うことに合意した。それに従って要領の良い報告書が作成された。

人証

争点が比較的単純なので、検察官の立証もわかりやすく、証拠の選択も適切だった。冒頭陳述や公判用の書証については有能な作業担当者がいるのであろう。資料の作成の仕方が洗練されているのに、あらためて感心した。

被害者と被害者が駆け込んだ先の近隣住民の尋問は、調書の内容とほぼ変わりないものだった。

私は証人に対する反対尋問を担当した。先行起訴事件の被害者からは、緊縛が緩いものだったことを、強姦致傷事件の被害者からは、被害者の血を見て被告人が「お前怪我をしたのか」と言って驚いていたことなど、いずれも供述調書に現れていた内容で、争点に関して被告人に有利と思われる点を、証言してもらった。

被告人質問は主任弁護人のTさんに担当してもらった。Tさんは接見を頻繁に行って被告人と意見交換をしていた。そのこともあって私は、被告人質問の準備をTさんにほぼ任せきりにしてしまった。公判期日の少し前には尋問事項も送っていただいていたが、自分の反対尋問の準備に追われてきちんとチェックしていなかった。被告人質問についての私の関心事は、被告人自身がきちんと弁護方針に則った供述ができるかどうかだったから、接見を重ねたTさんから被告人はきちんと応答できる旨の報告を受けて、なんとなく安堵していた。

被告人質問は、争点に関する部分に限って言えば、被告人なりに努力して答えていたように見えた。反省の弁については通り一遍の感はあったが、そもそも本当に自分がそんなことをしたのか、という感覚を残している被告人としては致し方なかっただろうと思う。そうして弁護人からの被告人質問は終わった。終わった、と思ってしまった。

裁判長が怪訝そうな顔で「罪体についてはいいんですか」と尋ねたのに対しても、罪体に関する争点で重ねて聞くことはないかとの趣旨と誤解して、「もうありません」と答えてしまった。

勘の良い方はお気づきのように、裁判員裁判では原則として、争いのない部分を含む事件の全体を被告人質問で明らかにして、被告人の供述調書は証拠採用しない運用がなされている。だから、争点以外の部分についても弁護人が質問して被告人に供述させなければならなかったのだ。

この運用については、東京地検公判部副部長が再考すべきだとの論文を判例時報に寄せているが、*私自身は現状の運用を支持するものだ。それなのにこのような失敗をしたことは恥ずかしい限りだ。

結局その分の尋問は検察官が行うことになった。準備をしていない事項について尋問することになった検察官はいい迷惑だっただろう。争いのない事柄について調書をなぞるような尋問をするなあとぼんやり考えたとき自分の失敗に気づいたが、後の祭りであった。

量刑

本件は被害者参加弁護士が参加した。被害者参加弁護士は、被害者が今もなお精神的に苦しんでいるにもかかわらず被告人の反省が通り一遍のものにすぎず、なんらの被害弁償もなされていないことを挙げて、無期懲役を求刑した。

検察官の求刑は、本件犯行が、強盗強姦で懲役一〇年の服役を終えてわずか二年後の犯行であることなどを踏まえて懲役一七年だった。

* 清野憲一「『被告人質問先行』に関する一考察」判例時報二二五二号(二〇一五年)三頁。

これに対して弁護人は、量刑データベースを踏まえて、同種事犯の量刑分布の中で、重く罰せられているものの特徴、軽く罰せられているものの特徴を挙げ、それらに当てはまらない本件に固有の事情を考慮したときにどのあたりに位置するかを説明し、懲役九年が相当との意見を述べた。

言い渡された判決は懲役一二年だった。弁護人が挙げた争点についてはいずれも検察官の主張に理があると判断されたが、同種事案の量刑の分析については評価されたようで、そのことは裁判員裁判の判決が控訴されずに確定した場合に、担当した裁判官・検察官・弁護人の三者で開かれる反省会でも触れられた。

財布を盗ったのが強盗か窃盗かという論点を設けたことは、被告人の意向を汲んだものとはいえわかりづらくなかったか。むしろ強盗の成立は認めたうえで、行為態様を情状として争う方が裁判員に理解しやすく、かつ屁理屈を言っているような印象を与えずに済んだのではないか、という点も反省材料となった。

自身の研鑽の必要をあらためて感じた次第である。

COMMENT

記憶がないという弁解は電車の痴漢事件などでしばしば聞かれる。本人は気づいていないのかもしれないが、普段、痴漢をしていない人は、過去のいつの時点のことを尋ねられても「痴漢はしていない」と断言できるものだ。記憶がないというのは、よほど頻繁に痴漢をしていて、その日はどうだったかわからないというような場合に限られる。記憶がないという弁解は、本人の意図はともかく、やったけれど認めたくないとしか聞こえないのである。なお、念のため付言すると、普段暴力的な人が、犯行当時酔っていたので暴力を振るったかどうか記憶がない、ということはありえる。普段の行動が酔ったときに出たか出なかったかわからないというのは十分理解できるからである。要するに、その行動が、その者にとって日常的なものかどうかが両者の違いである。

本件では被告人質問先行の形で公判が進められることになっていたから、被告人の身上や罪体の全般にわたって被告人質問で明らかにする必要があった。これがすっぽり抜けてしまったのは恥じ入るしかない。この点は、今思い出しても顔から火が出る思いである。

釈放後の保障

……窃盗事件

精神障害

二〇一五（平成二七）年三月、新人のKさんに被疑者国選の依頼が来た。罪名は窃盗。二〇一四（平成二六）年九月に共犯者と共謀のうえ、駐車中の自動車からインパクトドライバーを盗んだという車上荒らしの事件だ。

接見して事実を確認する。実際に勾留状記載の車上荒らしをしたことは間違いない。余罪もあることがわかった。

被疑者Aは二七歳。父とは死別、母とも、母の再婚を機に離別。一八歳のときから一人暮らしをしていたが、仕事も長続きせず、この一年は生活保護を受けて暮らしていた。そんな境遇だから資力もない。

さらに詳しく尋ねてみると、精神障害一級の認定を受けており、精神科のクリニックに通院し、統合失調症の診断を受けて、医師の治療を受けているとのことだった。処方されていた薬も、睡眠障害に関する薬、うつ病に関する薬、パニック症に関する薬、対人恐怖症に関する薬など、四～五種類を服用していた。仕事が続かないのもそうした障害があるからだろう。

また、警察署の留置課に確認したところ、勾留中も医師の処方を受けて毎日薬を服用しているとのことだった。

Kさんは処分決定の前提として精神科医による診断を実施されたい旨を検察官に申し入れた。しかし、簡易鑑定がなされた結果は、精神疾患はなく責任能力も問題ないとのことであった。統合失調症は、誤信か詐病であろうとの意見まで付されていた。

方針転換

本当に責任能力に問題がないのか。そこをはっきりさせる必要があると考えたKさんは、起訴後、弁論の分離を求め、Aの病状診断状況に関する証拠や供述調書などの開示を求めた。また、少年時代の窃盗保護処分の記録等の取寄せを求めた。そうして得た資料を踏まえたうえで、桜丘法律事務所のＯＢであり、責任能力に詳しい香川県弁護士会の田岡直博弁護士に助言を求めた。

田岡弁護士から届いたメールは詳細を極めたが、要するに、簡易鑑定書が基軸にしていると思われる伝統的診断によっても、操作的診断基準によっても、統合失調症といえるかどうかは疑わしいというものだった。また、弁護方針としても、仮に主治医の尋問を請求しても、裁判所は、被告人質問を先行させて責任能力に問題なしと考えれば却下される可能性が高いこと、またもし仮に主治医の尋問が認められれば、検察官が正式鑑定を請求し、裁判所がこれを採用するであろうこと、そうすると、身体拘束が三カ月以上、多くの場合半年程度延びること、そうして判決において心神耗弱が認定されると自動的に医療観察の申立てがなされ、鑑定留置期間が四週間、そしてもし仮に入院処遇となるとさらにそこから三年程度は入院しなければならないことなどを指摘し、それが本当に被告人にとって利益になるのか、完全責任能力でも、執行猶予が付くならその方が有利ではないかと問うていた。

Ｋさんは、Ａの精神疾患を、責任能力の問題としてよりも情状の問題として重視することにした。

示談交渉

一方で、Ｋさんは示談交渉にも取り組んだ。弁償する金銭はなくても謝罪の意思だけは伝えたいと、被害者に手紙を書き、Ａの謝罪文を添えた。「しゃざいぶん」とひらがなで書かれたそれは、Ａの知的な能力も高くないことを端的に示していた。

転機は、Ｋさんがアパートの解約手続などをするために親族関係を調べているときに起きた。昔死別した父の母、つまりＡの祖母が前年に亡くなり、相続が発生していることがわかったのだ。アパートには、親族が依頼した弁護士からの通知が、開封もせずに置かれていた。そうしてＡの伯父と会うことができた。もちろん、Ａは父の相続分を代襲相続することになる。

この時点では新たに同種事犯二件が追起訴されていたが、当初起訴された事件を含めていずれも被害金額数万円の事件だ。遺産を充てれば全額弁償することができる。分割協議はいまだ調わないが、後に清算する約束で、伯父から示談金を借りることができた。そのおかげでＫさんは三人の被害者との間で示談を成立させることができた。

受け入れ先

知的にも問題があり、精神的にも疾患を抱えるAに執行猶予付きの判決を求めるなら、釈放後にAがきちんと生活していける保障が必要だ。だが、そこまで面倒を見てくれる縁者はいない。Kさんは、考えた末、桜丘法律事務所が顧問をしている自立支援施設への入所を打診することにした。

東京ソテリアハウス。いわゆる入所の施設としてではなく、生活する〝家〟であることを大切にし、家庭的な生活を支え、自立をサポートする施設だ。利用者中心の生活を送れるよう、共同のマナーやルールを自主的に管理していき、支援スタッフは、週七日二四時間体制で、それを見守る。

理念も共感できる施設なので、ここに入れればそれに越したことはないが、当然のことながら、施設できちんと生活していける人でないと入所できない。東京ソテリアの職員に三度にわたって面会してもらった。もちろん、その際の面会は一般面会になるから、面会時間延長の申入れを文書で行っている。また、現時点の住所地である横浜市の福祉課を訪ね、必要な支援を仰いだ。横浜市の職員にも二度面会に訪れてもらった。

その結果、釈放された際には東京ソテリアハウスに入所させてもらえることになった。

公判

公判では起訴事実をすべて認めたうえで、Aの立場が、共犯者との関係では従属的なものであること、被害者との間で示談が成立していること、釈放後に入所すべき施設も決まっていること、本人が反省していることなどを主張した。

情状証人には、伯父と、東京ソテリアの代表者が立ってくれた。

伯父は、これまで疎遠だったが、弟の子であれば、自分のできる範囲で面倒を見ると言ってくれた。また、東京ソテリアの代表は、ソテリアハウスでの支援の実績と、Aに対する支援の計画について具体的に証言してくれた。

すべての審理を終え、検察官の求刑は懲役一年六月だった。Kさんは執行猶予付きの判決を求めた。

そして、迎えた判決公判期日。主文は懲役一年四月、執行猶予三年の刑であった。裁判官は最後の説諭を、「この事件では国選弁護人が本当によく頑張ってくれた。そのことを忘れずしっかり更生してください」と述べて締めくくった。Kさんは危うく泣きそうになった。

判決後の支援

Aは法廷での約束通り、東京ソテリアハウスで生活しながら就労に向けたトレーニングなどを受けている。これまでのところ経過は順調だ。Kさんは定期的にソテリアと連絡を取り、時折Aに面会に行っている。

障害を持った者を、収容施設としてではなく、生活する〝家〟として受け入れるソテリアハウスのような施設はとても貴重だ。こうした福祉分野での先進的な取組みと司法との連携は今後ますます重要性が増すことだろう。刑事事件の大半を占める争いのない事件では、執行猶予を求める場合、判決後の生活をどうするかが重要なポイントになる。そうすると、刑事弁護活動も、言渡しと同時に終了ではなく、しかるべきフォローをした場合には、それも弁護活動の一環として評価されるべきだろう。

若い弁護士の献身的な取組みが、国選弁護の報酬などにも早く反映されるようになってほしいものである。

COMMENT

統合失調症の診断を受けて医師の治療を受けている者の犯罪ということになれば、最初に責任能力を検討するのは当然だ。簡易鑑定の結果は責任能力あり、統合失調症も誤診か詐病とのことだったが、K弁護士が偉いのはさらに資料を集めて、精神鑑定に詳しい田岡直博弁護士に助言を求めたことだ。

ここで田岡弁護士が行った助言は実務的に参考になる。かつては統合失調症の診断があればほぼ確実に心神耗弱・心神喪失の主張が認められたようだが、今日では統合失調症の診断があってもそれが犯行時の責任能力に影響したかどうかが厳密に判断される。その鑑定のために身体拘束が数カ月延びることを考えると、実刑を回避できる可能性の高い犯罪の場合、責任能力に固執することが被告人の利益に資するとは限らない。そして、本件は窃盗の場合だから対象外ではあるが、これが事後強盗などになると医療観察法の対象になり、心神耗弱が認められてもさらに身体拘束が長引くことになる。精神障害のある被疑者被告人の弁護に際して責任能力だけを問題にして事足れりとしてはならないのである。

責任能力が著しく減退していたとまではいえないが、障害の影響によって罪を犯しがちな精神障害者は少なくない。こうした人たちが罪を犯さないで済むようにするには社会の支援が必要だ。本文で紹介した東京ソテリアはそうした障害者も含めて、精神障害者を広く支援する団体だ。この事件では、勾留中の面会、公判での証言、出所後の受入れなど、全面的に協力していただくことができた。障害者が罪を犯すことなく、生きやすい社会を作るために、東京ソテリアのような団体が多く生まれ、発展することが求められていると思う。

犯行当日に購入した凶器

……暴力行為等処罰に関する法律違反事件

青梅警察

二〇一五（平成二七）年一二月のある金曜日の夕方、武蔵村山で小さな会社を経営している知人から、「従業員のAが本日逮捕されたので、弁護してほしい」との連絡を受けた。私選弁護の依頼だが、費用はあまり支払えないとのことだ。留置場所は青梅警察署。知人の頼みでは「当番弁護士を呼べ」と突き放すこともできず、さりとて事務所の若手に頼むには、青梅警察はあまりに遠く、気の毒だ。幸い自分であれば車で通えるから、夜でも電車の時間を気にせず接見に行ける。被疑者国選だと思って引き受けることにした。知人から聞かされた事件の内容は、交際している女性を脅したというものだった。対応が早ければ勾留を防げる可能性も高い。

青梅警察までの距離は、事務所からも自宅からも六五キロほどだ。通勤車両の渋滞の時間帯を避ければ途中中央高速道を利用して、一時間半まではかからない。帰宅ラッシュの時間を外して、夕食をとってから警察署に向かった。

午後九時警察着。A君は二〇代後半。相手の女性は未成年の専門学校生。被疑事実は刃物を見せての脅迫だと聞いていたが、A君によれば、仕事の関係で折畳みのカッター様の刃物を所有してはいるが、それを見せてもいないし脅迫などしていないとのことである。A君と女性とはかつて交際していたけれど、いったん別れた。その後彼女からの連絡がきっかけで復活するようになったが、最近また喧嘩をした。それ以来彼女がLINE(ライン)に応じないので、この日は駅で待っていて、一緒に歩いて話をしながら家に送り届けた。その数日後には、彼女が自宅に来て、母の作ったカレーを食べて、泊まっていったこともある。それは母に聞いてもらえばわかるとのことだった。母は遅くまで働いているのでまだ自分が逮捕されたことは知らないだろうと言うので、帰りにA君の自宅に寄ることにした。青梅警察からA君の自宅までの距離はおよそ一〇キロほどだ。A君から聞いた特徴を頼りに奥まったところにある民家にたどり着いた。けれども一〇時過ぎだというのに母親は不在だった。仕方なく置手紙をして帰宅した。

A君は脅したつもりはないと言うが、彼女は違う受け止め方をしたのかもしれない。何か迷惑を被ったというのであれば謝罪して誤解を解きたい。できれば勾留させずに身体拘束を解きたい。

被害者との接触

翌日午前中に雇い主である知人に電話して接見の内容を伝え、雇用主として責任を持つ旨の一文を書いてくれるよう申し入れた。また、彼女の家に電話して、謝罪に伺いたい旨を告げ、面談のアポイントを取った。

この日はまず彼女の家に行き、母親から話を伺った。娘から、つきまとわれ、刃物を用いて脅されたと聞いている。怖くて警察に相談した。警察からは、早ければ三日、長くて二〇日くらいで出てくると聞いている。報復が怖い、ということだった。そこで、不安感を与えたことを詫びることとし、今後一切の連絡を取らない旨を誓約する確認書を取り交わすことを提案、約束してその場を辞した。その足で警察署に赴いてA君に接見し、状況を説明し、方針を告げた。接見後、終了時間を見計らって警察に呼んでいた知人と合流し、進捗状況を伝えた後、身元を引き受ける旨を記した上申書を書いてもらった。また、いまだ連絡が取れていないA君の母親に対しては知人から連絡を取ってもらうことにして、母親の身元引受書の書式を託した。

　三日目、彼女の家に行き、不快感・不安感を与えたことを謝罪し、二度と接触しない旨を誓約する確認書を、親権者である母親との間で取り交わした。その後の接見でＡ君に進捗状況を伝えた。翌日の勾留質問では、脅したりはしていないが、不快・不安な気持ちにさせたのであれば申しわけないと思っていること、二度と接触しない旨の誓約をしていることなどを説明するように指示した。また、私が勾留請求の却下を求める旨の要請書を提出することも併せて伝えた。接見後は雇用主である知人と合流。知人は母親からの身元引受書をもらって来てくれた。

　四日目、彼女の母親と取り交した確認書、雇用主の上申書と母親の身元引受書を添付して勾留請求却下要請書を提出したが、勾留決定がなされてしまった。被疑罪名は暴力行為等処罰に関する法律違反。凶器を示したか否かで成否が分かれる。刃物を見せたことをはっきり認めないので罪証隠滅を疑うに足りる事情ありとしたのだろう。

さらなる事情聴取と弁護方針の再検討

　六日目、この日の接見であらためて刃物について詳しく聞くことにした。

その折畳みのカッターナイフを購入したのはまさに犯行当日だった。それまでは同僚の、あまり切れ味の良くないカッターナイフを使っていたが、いよいよ切れなくなったので購入したのだと言う。この日に購入したのは、たまたまこの日がセールの日だったから。普段は九〇〇円するのが六八〇円だった。示してもいないのに彼女がナイフの形状を知っているのは、セールになる前に彼女と一緒に店に行ったことがあり、このカッターナイフが気に入っているのでセールになったら買おうと思っていると見せたことがあるからだと、聞けば一応つじつまの合う説明だ。購入したカッターナイフは、車のコンソールボックスに入れておいた。その日、駅で彼女と会って家まで送って行った際には車は駅の駐車場に置いて行ったから、カッターナイフも車の中に置いたままだ。やはり刃物の点は譲れない。

七日目、検察官に対して被害者との交渉状況について口頭で説明し、併せて書面をFAXして、処分決定の際の参考にされたい旨伝えた。

勾留が長引くにつれて被疑者の不安は募る。A君も例外ではない。いつ出られるのか、本当に出られるのか、確答が得られないだけに心配になる。接見では、とにかく早く出るにはどうしたら良いかと尋ねられる。前科前歴もないからおそらく略式罰金で片づくケースだろう。だとしたら、カッターナイフの件も認めてしまったほうが早く済むのではないかと考えないでもないが、もちろん検察官からはそのような示唆もない。先頃、「認めれば略式にする」と被疑者に迫った検察官が厳しく非難されたこともあり、担当検察官もそのような誤解を招く発言は極力控えているのだろう。

いずれにせよ、さらに手を尽くしたいと考えたことから、A君に迷惑行為に対する弁償の提供を提案して、了承を得た。彼女との間で今後の紛争の予防はすでに完了しているが、本件については謝罪以上のことはしていない。より一歩進んで不安を感じさせたことに対する慰謝の措置を講ずることで速やかな処分を促すことができないか。とにかく検察官が処分しやすい材料を作ることにした。弁償金の捻出については、雇用主から給料の前借りをお願いした。

しかし、彼女の母親はあらためての示談あるいは弁償の申入れを受け入れてはくれなかった。おそらく捜査官から、Aは犯行を否認しているとか、罪を認めていないなどと言われたのだろう。そのため先に交わした確認書もだまし討ちのような印象を後に抱いたのかもしれない。その態度は先に訪れたときよりも頑なものだった。

処分についての意見

逮捕日から数えて一一日目、勾留満期の前日に検察官に宛てて不起訴の処分を求める意見書を提出した。A君は被害者を脅してもいないし兇器も示していない。さらに被害者に接近しないことを約束していることなどを理由とするものだ。

検察官は結論を出せず、勾留延長が認められた。とはいえ、暮れの押し詰まった時期、検察官の稼動日はもうわずか三日しかなかった。そして、御用納めのその日、A君は処分保留で釈放された。

A君は、兇器を示したり脅したりしていないという主張を曲げぬまま釈放されたことをなにより喜んでくれた。

A君の処分は不起訴となった。勾留は長引いたが、刃物の点を安易に認めない方針は正しかった。

COMMENT

被害者がカッターナイフで脅されたと言い、その形状まで正確に述べていて、そのカッターナイフが被疑者の自動車の中で見つかったら、そしてそのカッターナイフが犯行の当日に購入されたものだったら、大抵の人は、被害者は真実を語っていると考えるだろう。けれどももともと交際していた被疑者と被害者は、その数日前にともに工具店を訪れ、気に入ったカッターナイフを見繕い、そのナイフを安く買えるセールの日を待っていた。犯行があったとされるのはそのセールの日だ。カッターナイフを日常の仕事で使う被疑者は、この日もいつものようにカッターナイフを車のコンソールボックスに入れていた。被害者がカッターナイフの形状を正確に述べられたのも、事前に工具店で見たのであれば当然のことであるし、被疑者の車にそのカッターナイフがあったのもおかしくも何ともない話である。ケースセオリーの重要性を改めて認識させられる事件であった。

ところで、途中で高速道路を使用するとはいえ、片道六五キロを自動車で通う接見は、時間的にも肉体的にも結構な負担であった。しかし、地方の弁護士会の弁護士は日ごろから経験されていることに違いない。地方の弁護士の苦労に思いをはせる事件でもあった。

クレプトマニア

……常習累犯窃盗事件

控訴審受任

I弁護士が受任したのは一審で一年二月の実刑判決を受けた窃盗事件の控訴審だった。事案は、年金受給者の女性が、ある日の午前一一時頃に新宿のデパ地下食料品売り場で食品二点、一千三〇〇円相当を万引きしたというものだ。実刑になったのは言うまでもなく同種の前科前歴があるからだ。前歴四犯、罰金前科二犯に最終の前科が三年間の執行猶予付一年二月の懲役刑だった。今回の犯行はその執行猶予中、しかも前回と同じデパ地下での犯行だった。実刑判決が下されるのも当然と言えば当然の事件だ。

一審の弁護を担当した国選弁護人は、起訴されるや速やかに保釈の許可を得て、被告人の拘束を解き、被害者であるデパートと示談を成立させた。また、身柄を解放された被告人に窃盗癖のある患者を治療するクリニックを受診させ、クレプトマニアの診断を得た。そのうえで治療を開始させた。

第一回公判では、公訴事実は認めたものの、被告人の検面調書を不同意にしてその任意性を争った。第二回公判では被告人質問を先行させ、その結果、被告人の検面調書は必要性なしとして却下された。

第三回公判で弁護人が請求した書証は一四点。そのうち採用されたのは示談書と謝罪の手紙のみだった。クレプトマニアである旨の診断書も、病院との契約書や領収書も医師の意見書も、二男の嘆願書も被害デパート社員の上申書も、不同意の末却下された。

検察官は論告で、クレプトマニアに罹患している客観的裏づけに乏しいうえ、本件犯行における被告人の行動からして被告人がクレプトマニアに罹患していないことは明らかだと被告人を非難して懲役一年四月を求刑した。

弁護人は、犯情が悪質でないこと、被害者との示談が成立しており処罰感情が緩和されていること、クレプトマニア罹患は情状として酌むべきであること、家族の協力が得られることなどを述べて再度の執行猶予を求めた。

判決は冒頭で述べたとおり、一年二月の実刑だった。「被害額は少額とは言えない」こと、また、家族との折り合いが悪く店舗まで出かけたところ、自分や家族が食べる食品を生活費節約のために盗んだという動機経緯が、「大きな病的影響をうかがわせるものはない」というのがその理由だ。

特段困窮しているわけでもない大人が一千三〇〇円節約するために食品を万引きするのはどう考えても異常だろう。実際にクレプトマニアだという診断もなされているのである。専門家の診断書や意見書を差し置いて、裁判官が病的影響を論ずるのはいささか傲慢ではなかろうか。

一審弁護活動の検討

実刑判決を受けた被告人は、前の事件を国選で担当してくれた弁護人を私選に選任した。おそらく、前の事件で執行猶予にしてくれた弁護人であれば今度も同様に執行猶予にしてもらえるのではないかと、やや的外れな期待をしたのであろう。I弁護士はその弁護人から共同受任を依頼されたのだった。

控訴審弁護人は早速一審判決の検討に入った。

万引きしたという行為に間違いはない。責任能力に問題はない。そうすると、要点はクレプトマニアだ。一審弁護人もそこに力点を置いた活動をしている。しかしそれにもかかわらず、証拠は採用されず、クレプトマニアの主張は退けられている。

では立証活動に問題はなかったか。法廷の様子は公判調書によってしか知りえないが、せっかく用意した診断書や診療費の領収書について検察官から不同意の意見が述べられた後、採用させるための活動がなされた形跡はない。書証として提出した伝聞証拠を不同意にされれば、裁判所としては採用のしようがない。診断書については医師を証人として請求する途があったし、診療費の領収書については刑訴法三二三条二号の業務文書として請求する途があっただろう。もしかしたら被告人質問や情状証人の尋問でクレプトマニアの点も明らかにしようと考えたのかもしれないが、手段を尽くさないで、より重要な証拠の取調べの機会を失ったのだとしたらもったいないことだ。

人証はどうか。情状証人に立った被告人の息子は要領の良い受け答えで、これまでは十分に監督できなかったが、クレプトマニアの診断がついたことで新たにサポート体制を整えることができた旨を証言した。これに対して、被告人質問はあまり要領を得なかった。被告人自身に語らせようとしたのだと思うが、どうでも良いところを饒舌に話している印象で、情状面で伝わってくるものがない。少なくとも、再度の執行猶予を付すかどうかの検討においては何らプラスになるものがないという印象だ。自由に自分の言葉で語らせることが重要なのはもちろんだが、十分な打合せを行ってもなおコントロールの効かない供述者の場合にはむしろあまり自由にさせない方がいいと思う。

控訴の趣意と立証

控訴審弁護人の主張の要点も一審における主張同様クレプトマニアによる犯罪だという点である。したがって、原判決の「大きな病的影響をうかがわせるものはない」との認定を批判し、その認定を前提に酌むべき事情なしとして実刑相当とした原判決の量刑の不当を批判した。

事実取調べについては、クレプトマニアの治療のために通院したクリニックと一審判決後入院したクリニックの診療録、それぞれの診療費請求領収書、入院後被告人と弁護人がやりとりした書簡についての弁護人の報告書および被告人質問を請求した。

診療録や診療費請求領収書は刑訴法三二三条二号の業務文書に当たるものだ。しかし、これらについての検察官意見は不同意、かつ、一審の弁論終結前に取調べ請求できなかったことについての「やむを得ない事由」(刑訴法三八二条の二第一項)がないというものであった。控訴審弁護人もその意見はあらかじめ予想していたから可能な限りの反論を試みたが、裁判所はやはり「やむを得ない」要件を欠くことを理由に却下した。

しかし、弁護人の報告書については、原判決後の事情に関わるものだということもあったのか、検察官意見が不同意・必要性なしであったにもかかわらず採用された。被告人質問についても、判決後に入院治療をしてどのような変化があり、現在どのような心境にあるかの質問のみ許された。

弁護人の報告書は、入院して治療に専念してからの被告人の心情が大きく変化していることを的確に伝える内容だった。また、被告人質問もそれに添う、メリハリのある受け答えがなされた。

控訴審弁護人としては、限られた材料の中でできるだけのことはしたと言って良いだろう。

判決

しかしながら、言い渡された判決は控訴棄却だった。年金生活で、食費を節約するために万引きしたという動機は十分に了解可能であり、商品を手提げバックの中に入れて精算することなくデパートの玄関から外に出る犯行態様は、万引きの目的実現に向けた合理的な行動だということができるし、警備員から声を掛けられた際に逃げるそぶりを見せたり、偽名を述べたりしたことに鑑みると、被告人が窃盗症に罹患していたとしても、それが犯行当時の衝動制御能力あるいは行動制御能力に及ぼす影響が大きかったとは認められない、というのだ。また、治療が有効であり、被告人が真摯に取り組んでいることは一般情状として酌むべきものではあるが、治療の必要性が行為責任を基本とする刑罰の必要性に優先するという考え方は採りえないから、実刑選択の妨げにはならないというのがその理由だった。

しかし、窃盗の衝動を抑制できないということは、万引き犯として合理的な行動を取ることや逮捕を免れようとすることとは何ら矛盾しないだろう。わずかな食費を節約するために万引きしたという動機はむしろ不合理だと評価すべきだ。「行為責任を基本とする刑罰の必要性」も、万引きを止められない老女を実刑に処することの理由になるとは思えない。

平成二七年犯罪白書によれば、女子高齢者の検挙人員中万引き犯（窃盗全体ではない）の占める割合は八二・七％に及ぶ。女子高齢者の入所受刑者数の八三・九％は窃盗犯だ。行為に見合い、かつ、更生に資する刑罰がもっと真剣に追求されるべきだろう。

COMMENT

万引きを繰り返す犯罪者についてクレプトマニアを疑うことは今日の弁護活動ではほぼ常識になっていると思われる。しかしながら、それがどれだけ有効な刑事弁護につながっているかというとはなはだ心許ない。

他の証拠もなしに、被告人質問だけで、被告人はクレプトマニアであるから云々と弁論しても、裁判所はまず取り合わない。医師の診断書や意見書を証拠として提出する場合でも、DSM−5等の診断基準に合致していることが具体的に示されていないとなかなか評価されない。また、クレプトマニアであることを認めても、ただちに量刑上大きく考慮されるものでもない。クレプトマニアであること自体は認めたうえできちんとした意見書が提出され、かつ現に治療の効果が上がっているような場合でないと、再度の執行猶予まではなかなか認められないようである。

そうした証拠を備え、効果的な治療を受けさせることは弁護人一人の力でできることではない。そうしたことを理解し、受診させてくれる家族等の援助が必要だ。こうして見ると、クレプトマニアを量刑に大きく反映させることが必ずしも容易でないことがわかる。

なお、本文では平成二七年犯罪白書が引用されているが、平成三〇年犯罪白書では七〇歳以上の女子高齢者の検挙人員中万引き犯の割合は八二・五％、また七〇歳以上の女子高齢者の入所受刑者数中、窃盗犯の割合は八九・三％に上っている。

新人の旅立ち

……迷惑防止条例違反事件

否認

七月一日（金）午後一時二八分、当番弁護士の出動要請があった。三四歳の男性による迷惑防止条例違反。今日逮捕されたということだった。罪名から痴漢事件だろうと見当はつく。認めている事件なら大した負担にもなるまいと少し安堵した。翌日、翌々日は北海道の岩内に桜丘法律事務所から赴任している古宮靖子弁護士の激励と支援に行く予定だったから、連日接見に赴かなければならないような重い事件では困るのだ。すぐに警察署に向かった。

被疑事実は、この日の午前八時ころ、電車内で女性の臀部に、着衣のまま自身の性器を押しつけたというものだったが、被疑者はこれを否認していた。下半身を故意に押しつけたりしていないというのだ。たしかに、事情を詳しく聞いても破綻はなく、無罪主張に不自然な点はない。

被疑者の勤務時間は深夜一一時から翌朝八時まで。この日は午前九時三〇分に新宿で交際相手と待ち合わせをしていた。落ち合ってホテルに行く約束をしていたのだという。午前八時ころ、千葉方面から都心に向かう通勤電車は混雑する。身体が密着するのは避けようがない。

被疑者には、逮捕、勾留段階の手続、とくに、釈放が期待できるタイミングとその確率について丁寧に説明した。

最初のチャンスは検察官に勾留請求をさせないことだが、おそらく土日の当番の検察官は、自身が捜査を担当することになる被疑者ではないから、無難ところで機械的に勾留請求することだろう。そうすると、次は勾留裁判官に働きかけて勾留請求を却下させることだ。

ただ、そのハードルは意外に高いと思われた。まず、被疑者は地方出身の単身者であり、実家は遠隔の地にある。交際相手も結婚はもちろんのこと、生活をともにする予定もない女性だ。また、犯行を否認していることは罪証隠滅を疑うに足る事情ありとの判断に傾きやすい。軽微な犯罪だから、認めてしまえばあるいは勾留請求却下の可能性はなきにしもあらずだが、否認のままだとかなり難しいだろう。

そうすると、次の機会は処分時まで待つことになる。おそらく認めれば略式罰金のケースだ。しかし、それまでは一〇日間の勾留に甘んじなければならない。

被疑者は二カ月ほど前に大手企業に就職した。仕事の内容はコンピューターの受信オペレーターだ。この仕事は失いたくない。しかし一〇日も欠勤し、かつ、その理由が痴漢だとばれたら当然クビだろう。

少しでも早期に釈放されることを希望するなら、意に沿わないだろうが、痴漢自体は認めてしまうことが早道だ。けれども、やっていないのに自分がやったと認めることは不本意だと思うし、私も勧めたくない。

「やっていません。認めたくありません」。

被疑者の決断で腹も決まった。早期に身体拘束を解くとともに不起訴処分を目指す。

共同受任

とは言うものの、私は岩内出張で、土日はまったく動けない。身柄解放のための活動は別の弁護士にお願いするしかない。そこで養成二年目のK弁護士に共同受任を依頼した。

Ｋ弁護士は接見に赴き、私はその間に検察庁宛ての釈放要求書と裁判所宛ての勾留請求却下を求める意見書を起案した。

被疑者は単身者とはいえ定まった住所を有しているし、罪証隠滅を疑う理由もない。すでに手指の繊維採取までされており、捜査機関が採取しうる証拠はすべて採取済みである。被害者とはなんの面識もなく、連絡の取りようもない。また、本件条例違反の刑の上限が六カ月と短いことや、前科がないことなどに鑑みても、逃亡を疑うに足りる理由はない。

他方、痴漢の容疑で一〇日間も身体を拘束されることは、会社にいられなくなることを意味する。大手一流企業に勤める被疑者にとって、その不利益はあまりに大きい。

接見から戻ったＫ弁護士と週末の動き方について打ち合わせた。否認のまま、しかも身柄を引き受ける者もないまま、勾留請求せぬように求め、あるいは請求を却下するように求めることは、近時裁判所が身体拘束について厳格になっていることを考慮しても難しいと思われるが、ひたすら刑事訴訟法の原則に則っての運用を求めるしかない。意見書に添付する書面は、被疑者が勤める会社のホームページをプリントアウトした物のみだ。

翌朝早く、私は岩内に発った。Ｋ弁護士からのメールを受信したのはさらにその翌日だった。勾留請求が却下されたとの報せだ。Ｋ弁護士が裁判官面接で熱弁をふるう様子が目に浮かんだ。書面自体はシンプルで、添付の資料も少なかったから、口頭で補った部分も多かっただろう。接見での聞取りが十分になされていたに違いない。

K弁護士の働きで、本件は私の出張中に身体拘束が解かれ、弁護活動は終了した。

「任意」同行

七月二六日午後八時ころ、事務所の電話が鳴った。受話器を取ったのはK弁護士。また新たな事件の依頼だ。錦糸町で友人が警察に連れて行かれようとしている、なんとかして助けてほしいというものだった。K弁護士は、じゃあ、今から四〇分くらいで行きますと答え、もっとちゃんとした服を着て来るんだったとぼやきながら事務所を飛び出した。

錦糸町駅に着くと、男が警察官に囲まれているのがわかった。近づくと、警察官から、こっちに来ないでと制止されたが、弁護士ですと名乗って囲みの中に入って行った。

男は覚醒剤の所持・使用を疑われているようであった。警察は以前からマークしていたのだろう。職務質問の機をとらえて警察に連れて行き、令状を執行する算段だったと思われる。男は帰りたいのに帰してくれないとK弁護士に訴える。

「本人は帰してくれと言っています。帰してやってください」。「そうはいきません。先生からもこいつに協力するように説得してくださいよ」。「令状もないのに身体を拘束することはできないはずです。すぐに帰してあげてください」。「令状は今取りに行っていますからそれまで待っていてください」。「取りに行っていても、今ここになければ逮捕はできません。すぐに帰してください」。

問答が続く間に数台のパトカーで応援の警察官が駆けつける。野次馬も増えてきた。

「ほら、先生のおかげで現場がこんなに混乱して……」。「あなた方が素直に帰してくれれば済むことです」。「どうして我々の邪魔をするのですか」。「令状もなしにむりやり連行して証拠を取っても違法収集証拠で排除されますよ」。「それは裁判所でやってください。今は我々のやり方でやらせてください」。「それはできません」。

そんなやり取りをしていると別の警察官が男をパトカーの中に押し込もうとする。

「ちょっと待って。だめです」。

K弁護士は問答を中断して警察の実力行使を止めにかかる。ここで新たな問答が始まるとまた別の警察官が男をパトカーに押し込もうとする。まるでもぐら叩きだが、警察も、弁護士が来た以上なりふり構わぬ実力行使まではできない。

忌々しそうに叫ぶ声が聞こえた。

「こいつ、前に金町で奪還した奴だ」。

K弁護士は一年ほど前にも任意同行に名を借りた逮捕行為を阻止したことがあったのだ。

しかし、問答の最中、警察官はK弁護士を囲み、じりじり詰め寄ってくる。屈強な男たちに囲まれる圧迫感は相当なものだ。合気道有段者のK弁護士だが、下手に手で押しのけようとしたりすると公務執行妨害を口実に現行犯逮捕されかねない。挑発に乗らぬよう注意しながら必死の対応を続けた。新品の靴を履いてきたのに、警察官に踏まれてぼろぼろになった。

そんなやり取りが小一時間続いた頃、一瞬の隙ができた。「行きましょう」。電車とタクシーを乗り継ぎ、制止の「要請」には応えず、男を自宅に届けた。違法な身体拘束を許さない弁護活動は無事終了した。

帰りを待っていた先輩たちは、靴がだめになっちゃったとぼやくK弁護士の奮闘を称えた。

今回のような捜査が到底「任意」と言えないことは、弁護士なら誰でもわかるのだが、それが強行されようとしているときにきちんと闘うことは、誰でもできることではない。最後まで頑張って不当な逮捕を許さなかったK弁護士は、独り立ちする力をつけたようだ。

COMMENT

周防正行監督の二〇〇七（平成一九）年の名作『それでもボクはやってない』は、痴漢事件を題材に冤罪を晴らすことの難しさを世に知らしめた映画だった。痴漢と疑われたが最後、逮捕・勾留されるのが当然で、職も地位も失うことの恐ろしさを知った男性たちの間では、疑われたらとにかく逃げるしかないなどの「対策」がまじめに議論されたほどであった。そうした勾留実務の転換点になったのは、まさに電車での痴漢のケースで勾留についての判断を示した最決平二六・一一・一七であろう。

その決定要旨は次のように言う。

被疑者は、前科前歴がない会社員であり、原決定によっても逃亡のおそれが否定されていることなどに照らせば、本件において勾留の必要性の判断を左右する要素は、罪証隠滅の現実的可能性の程度と考えられ、原々審が、勾留の理由があることを前提に勾留の必要性を否定したのは、この可能性が低いと判断したものと考えられる。本件事案の性質に加え、本件が京都市内の中心部を走る朝の通勤通学時間帯の地下鉄車両内で発生したもので、被疑者が被害少女に接触する可能性が高いことを示すような具体的な事情がうかがわれないことからすると、原々審の上記判断が不合理であるとはいえないところ、原決定の説示をみても、被害少女に対する現実的な働きかけの可能性もあるというのみで、その可能性の程度について原々審と異なる判断をした理由が何ら示されていない。

そうすると、勾留の必要性を否定した原々審の裁判を取り消して、勾留を認めた原決定には、刑訴法六〇条一項、四二六条の解釈適用を誤った違法があり、これが決定に影響を及ぼし、原決定を取り消さなければ著しく正義に反するものと認められる。

本文で紹介した事案も二〇一六（平成二八）年のものであるから、この流れを汲んで勾留請求を却下したものであろう。そして令和の今日では、条例違反の痴漢事件では、よほどの必要がない限り勾留しない扱いが定着しているように思われる。もちろん、そうは言っても弁護人の役割がなくなったわけではなく、裁判官が安心して勾留請求を却下できるような材料を提供して、身体拘束からの解放を確実なものにする必要は依然残っているのである。

後段で紹介したような、警察の「任意」同行は、しばしば見られるものである。もちろんこのような捜査方法は到底「任意」とは言えないものであるから、裁判所は、こうした「任意」同行は違法であることを宣言し、そのような捜査を経て起訴されたような事件は、捜査の違法ゆえに無罪とすべきである。そうでなければ違法捜査の「やり得」だからである。

とはいえ、違法捜査が行われている現場で闘うのは中堅やベテランでも勇気のいるものである。新人ながらそれをやりきったK弁護士の勇気と度胸は賞賛されるべきだろう。

誤解された障害者

……特殊開錠用具の所持の禁止等に関する法律違反事件

特殊開錠用具所持

一〇月三一日の午後のこと、区立の障害者就労支援センターのSさんから電話があった。同センターで就労を支援している障害者が逮捕されたというのだ。

逮捕されたAさんは四〇代半ば。自閉症で、知的な障害を伴う。前の日の晩、仕事を終えたAさんは駐車場で気に入った車を見つけ、懐中電灯で照らして見ていたところ、その車の所有者と鉢合わせをした。夜中自分の車を懐中電灯で照らしてしげしげと眺めている者がいれば怪しいと思うのも無理はない。何をしているのかと怒鳴られ、詰問されたAさんは緊張のあまり何も言えない。所有者は一一〇番通報し、警察官が臨場した。

所有者から事情を聴いた警察官はAさんにカバンの中を見せるように求めた。求めに応じたAさんのカバンにはマイナスドライバーが一本入っていた。

特殊開錠用具の所持の禁止等に関する法律、通称ピッキング防止法は、開錠専門の用具の所持を禁ずるほか、建物の侵入に利用されることの多い一定の工具（指定侵入工具）についても隠して携帯することを禁じている。Aさんがカバンの中に入れていたマイナスドライバーは、まさにこの指定侵入工具だった。Aさんは現行犯逮捕された。

勾留前活動

Aさんは定時制高校中退の学歴だが、高校に通学していたころから自動車関連の部品会社で塗装の仕事を行っていた。けれども一七年働き続けた会社は二〇〇四（平成一六）年に業績不振で倒産し、Aさんは障害者就労支援センターに通い、清掃等の訓練を受けた。そして翌二〇〇五（平成一七）年からは大手の清掃会社に就職し、これまでまじめに働いてきた。

自閉症の特徴でもあるのだが、Aさんは決められた手順に従って物事を処理していくのが好きで、そういう作業が得意でもある。普通の人なら飽きて嫌になってしまうような仕事でもこつこつやり遂げる。だからこそ、職場も長続きしたのだろう。けれども反面、生活のリズムや環境が一変するような事態は大きなストレスになる。一日も早く日常の生活に戻すことが必要だと思われた。

接見をO弁護士にお願いし、当面の目標を、勾留決定を防ぐことに置いて、支援センターのSさんからさらに情報を得た。

Aさんは自転車が大好きで、もらった給料の多くを自転車の購入費等に充てていた。一時は数台の自転車を所有していたこともあったそうだ。夜も走るし、整備や修理も当然自分で行う。時間があれば自転車を乗り回すのが好きで、自分で改造などもするそうだ。だから、バッグの中に懐中電灯やマイナスドライバーが入っていたことは、彼を知る人にはさほど不思議なことではない。そして、自動車の部品会社で働いていたAさんは、自動車も同じくらい好きだ。免許がないから乗れないけれど、美しい自動車を見るとしげしげと眺めてしまう。

もちろん、Aさんには前科前歴もない。ピッキングや車上荒らしとはまったく無関係だ。聴取した内容に基づいて裁判所に宛てて勾留についての意見書を起案する。

勾留請求却下

一一月一日は両親との連絡調整等を行った。そうして一一月二日の勾留決定の当日、意見書の提出と裁判官面会をO弁護士に頼んだ。

その日の午後、裁判所から、勾留請求を却下した旨の連絡があった。A君はその日のうちに釈放された。地方赴任から戻って間もないO弁護士は、「東京で勾留請求の却下率が高くなっているというのは本当ですね。実感しました」と感想を述べた。

実は、近時東京地裁の勾留請求却下率が高くなっていることについて事務所で話題にしたばかりだった。紋別、奄美、名寄と司法過疎地のひまわり公設事務所等の所長を歴任して、この春桜丘に戻ったばかりのO弁護士は、「地方にいるとそんな実感はまったくありませんねえ」と言っていたのだ。

事務所内でこんな話題が出たのは、二〇一六（平成二八）年七月に刑事弁護フォーラムの勉強会での、東京地裁の刑事所長代行の中里判事の講演メモを見たからだ。「裁判官から見た弁護活動」という演題のこの講演で中里判事は、二〇一四（平成二六）年の全国の勾留請求却下率が三％弱であったところ、同時期の東京地裁では七％台に達しており、二〇一五（平成二七）年には八％に達し、二〇一六年上半期も八％台で推移していることを紹介した。そしてその要因としていくつか挙げる中で、勾留請求段階での弁護活動が活発であることも無視できないと指摘し、他の裁判所から東京地裁に異動して令状部で仕事をする裁判官も同様の感想を述べていることを紹介した。だから我々はより一層逮捕段階の弁護活動に力を入れようという話をしていたときに、O弁護士は半信半疑の反応を示したのだった。一〇年前には一％にも満たぬ却下率で、検察のいいなりなどと批判していたものだが、今は、こと東京地裁に関しては一変していると言っていい。全勾留請求の八％が却下されるということは、弁護人がついて、勾留すべきでないと考えて裁判官に働きかけた場合の却下率はかなり高いと見るべきだろう。勾留前の被疑者弁護の重要性はますます高まっている。

不起訴要請

処分について、当初は、ドライバーであることを認識して携帯していた以上犯罪の成立は免れないのではないかと考えた。しかし、ピッキングの道具を違法に携帯するというイメージと現実のドライバーの携帯との間のギャップが大きすぎるように感じた。行き過ぎた取締りを防止する指針のようなものがあるのではないかと考えて調べたところ、二〇〇三（平成一五）年八月一日に警察庁の生活安全局長、刑事局長、交通局長および警備局長が連名で、各地方機関の長および都道府県警察の長に宛てて運用上の注意事項について通達を発していることがわかった。

法は、「業務その他正当な理由による場合」を除く隠匿携帯を禁じているが、この「業務その他正当な理由による場合」の意義について、通達は次のように述べていた。

> 隠匿携帯が禁止される指定侵入工具は、そもそも国民が日常的に用いるものであり、広く国民の間に普及しているものであることから、その隠匿携帯が当然に許容されるべき場合も多い」。それゆえ「業務その他正当な理由による場合」に該当するか否かは、「携帯する者の職業やそのものが指定侵入工具を隠して携帯している状況等の客観的要素に加えて、その者の隠匿携帯にかかる認識・動機・目的等の主観的要素を総合的に勘案して判断されるべきものである。

ここに、行為者の主観的要素を総合的に勘案されるべきとされている点は、本件では極めて大きい。自転車が大好きで、時間があれば自転車を乗り回し、修理や改造まで手掛けるAさんは、Aさんなりの必要性を感じて日常的にドライバーを携帯していたのだ。

それまで、構成要件該当性は認めたうえで、障害に免じて起訴猶予とされたいという態度で臨むことを予定していたが、そうではなく、構成要件該当性を争って不起訴にされたい旨の意見を、検察官に対して述べることにした。

連携の重要性

それにしても、迅速に弁護人につないでくれた就労支援センターはありがたかった。このセンターのSさんと知り合ったのは、数カ月前、浦﨑寛泰弁護士が主宰する東京TSネットの勉強会の場だった。触法障害者の問題を、障害者の人権という視点から考えることの勉強会は、障害者が罪を犯さないで済むようにするにはどうしたら良いかを考えさせてくれる。そのような場に、このセンターからも数名の職員が参加していたのだった。

センターからの連絡がなかったら、Aさんは自分で当番弁護士を呼ぶこともなく、失意と不安のまま勾留されたことだろう。しかも、勾留段階に至っても、法定刑が一年以下の懲役または五〇万円以下の罰金にしか処せられないこの罪では、被疑者国選も当然には付されない。障害者の権利を守るためには、刑事手続の面においても福祉機関と弁護士との連携が重要であることを、あらためて知らされる事件だった。

COMMENT

この事件は、少なからぬ障害者が、誤解されたまま、十分な弁解もできずに勾留されたり刑を科せられたりしていることを気づかせてくれた。自閉症で知的な障害を伴うAさんは、警察官に厳しい口調で迫られてどれだけ恐ろしい思いをしたことだろう。福祉機関の人がすぐに弁護士につないでくれたことは幸運だったが、こうした例はまれだろう。概して人とのコミュニケーションが苦手な精神障害者、知的障害者が何らかのトラブルに巻き込まれた場合、速やかに弁護士の支援が得られるような、弁護士と福祉機関とのより一層の連携が求められていると思う。

事件処理について印象に残っているのは指定侵入工具についての通達の発見だ。あまりに緩やかな構成要件に、何か歯止めがあるはずだと考え、運用上の指針を示した通達にたどり着いた。法令に違和感を覚えたときは、どこかにその違和感を払拭あるいは緩和する法令や通達があるはずだ。

勾留請求却下率は、この時からさらに上昇を続け、平成三〇年司法統計年報第一五表によれば、地方裁判所の勾留請求却下率は九・四六％にまで上昇している。[*] 逮捕から勾留決定までの二日間の弁護活動の重要性が、従前と比較してはるかに高まっている。

＊ 勾留請求却下数を、請求による発布数と却下数の和で除して得た数値。なお、当時は長期三年を超える罪でないと被疑者国選弁護の対象とされなかったが、二〇一八年六月以降は、罪名の如何を問わず、勾留された全被疑者が国選弁護の対象となっている。

初めての覚醒剤使用

……覚醒剤取締法違反事件

似つかわしくない被疑者

土曜の昼下がり、当番弁護士の出動要請があった。罪名は覚醒剤取締法違反、勾留場所は東京湾岸警察署。二〇歳を少し過ぎたばかりの女性が被疑者だ。さっそく支度を整えて警察署に向かう。当番弁護士で出動する際に与えられる情報はごくわずかだから、被疑者や事件についていていろいろ想像しながら接見に赴く。接見してみて想像どおりのことが多いが、想像と違った印象を受ける場合も多い。今回の接見は後者だった。

面会室に現れたのは端正な顔立ちの、見るからに賢そうな女性だった。言葉遣いもきれいだ。覚醒剤を常用しているような崩れた印象はない。不思議に思いながらも被疑事実から尋ねることにした。

被疑事実は覚醒剤の所持と使用とのことだったが、経緯が変わっていた。

被疑者A子は都内では名の知れた私立の進学校に通っていた。その高校は部活も盛んで、とくにある種目は都内でも強豪で知られていた。中学生時代に部活でその種目をしていたA子は高校でもその部活に参加したが、そこで激しいいじめに遭ったため人間不信に陥り、その高校を退学した。その後、都立の高校に転入し、とりあえず高校を卒業したけれど、人間不信に陥ってからは交友関係も乱れるようになった。そんな折に、知人を介してBと知り合った。Bは A子より四〇歳以上年上の男性だ。

A子は高校を卒業するとBと同棲するようになった。Bの職業はコンサルタントとのことだったが、収入はほとんどなく、家に金を入れることもほとんどなかった。生活費はもっぱらA子がウェイトレスをして稼いだ。もともと真面目で頭のいいA子はアルバイト先でも有能な働き者として重宝がられた。

事業計画書

逮捕された日の一カ月くらい前、A子はBから化粧品の事業計画書の作成を頼まれた。ヒト幹細胞を利用した新しい化粧品についての事業計画だということだったが、具体的な事業計画についての説明はまったくなく、それ以上の情報は与えられなかった。A子はそれまで事業計画書なるものを作成したことはない。しかも、肝心の事業内容すらはっきりしないのであれば事業計画の作成のしようもない。だから、Bから時々督促を受けた事業計画書作りも手つかずのまま日数が過ぎた。

逮捕の前日、アルバイトから帰ったA子はBから「どうしても明日の一〇時までに届けなければならないので、なんとしても事業計画書を完成させてほしい」と懇願された。その切羽詰まった様子から、A子は何はともあれ「事業計画書」を作ることにした。A子はインターネットで検索して、ヒト幹細胞について調べ、化粧品について調べ、事業計画書について調べた。そうして得た知識をつぎはぎして、事業計画書らしきものを作成する作業にかかった。

もちろん作業は遅々として進まなかった。ヒト幹細胞や化粧品について何の知識もないA子が、具体的な事業計画も知らずに「事業計画書」を作成するのだから、当然のことだ。深夜に至り、A子の疲労は極致に達した。それを見たBが持ち出したのが何やら薬のようなものだった。銀紙で小さなスプーンを器用に作り、その上に置いた粉末をライターで炙ってA子に鼻から吸い込んで息を止めるように命じた。A子は「何かいけない薬だな」とは思ったが、Bが自分に害をなすことはないだろうという思いから、指示どおりに吸い込んだ。

気持ちいいとか、そういう感じはしなかったが、「この仕事をやり遂げなければならない」という思いが突き上げて来た。「この薬は何?」と尋ねるA子にBは覚醒剤だと答えた。それまでBが覚醒剤を使用していることなど聞いたこともなかったA子は驚いたが、今は事業計画書の作成が急務だった。A子は徹夜で作成に励み、途中さらに二度、覚醒剤を吸引した。事業計画書は明け方に完成した。A子は出勤まで少しの間眠ろうと思ったが、覚醒剤の効果で眠れなかった。眠れずに苦しいと思いながら出勤時間を迎え、アルバイトに出かけた。

逮捕

逮捕当日、A子はアルバイトから戻って玄関のドアを開けようとした。ところがどういうわけか、ドアは開かなかった。不思議に思って思いっきり力を入れるとドアは少し動いた。ドアの向こうではBがドアノブから吊るしたロープで首を吊っていた。首のロープはきつく幾重にも巻かれていた。

A子はただちに一一九番通報した。救急隊が到着するのと同時に警察官も到着した。住居をくまなく見分するうちにA子のポーチから白い粉末入りの小袋が発見され、簡易検査の結果、覚醒剤であることが判明した。前の晩、BがA子に覚醒剤を吸引させた後に、これは俺が持っているといざというときに見つかる可能性があるが、お前なら疑われないからお前が持っていてくれと言ってA子に渡した物だった。

そうしてA子は逮捕された。逮捕の際に、覚醒剤とは無関係の物も押収されたが、その領置調書被疑罪名欄には「覚醒剤取締法違反」ではなく「殺人」と記載されていた。

情報を総合すれば、Bは暴力団関係者だったものと思われる。架空の事業計画を騙ってどこかから金を引っ張ったのであろう。疑う相手に事業計画書を見せると約束でもしたのだろう。だから、A子に事業計画書の作成を頼んでも、肝心の事業計画など説明のしようもない。相手から切られた期限がその日だったのだろう。それまで何年も隠し続けた覚醒剤使用の裏の顔を見せても、A子に仕上げてもらわなければならなかった。けれど、相手も素人が作った作文を見抜けないほどめでたくはない。騙しやがったな、ということになったに違いない。Bは自殺を偽装して殺されたのだろう。発見者のA子ですら、自殺にしては何か変だと思ったという、厳重に首に巻かれたロープを一目見て、プロである捜査官は殺人を確信したのだろう。

保釈

勾留に際しては裁判官と面接し、意見書を提出して勾留の要件に欠けることを訴えたが、刑訴法六〇条二号（罪証隠滅）、三号（逃亡）を理由に勾留決定がなされた。勾留状記載の被疑事実は覚醒剤の所持のみで、使用は含まれていなかった。そうすると使用での再逮捕もありうると思われた。そこで、検察官に対しては使用も含めて早期の捜査を遂げて速やかに起訴されたい旨要請した。

勾留延長がなされたが、延長後の事実上の最終日に、覚醒剤の自己使用のみで起訴された。保釈に際しては保釈支援協会を利用した。

公判の弁護は情状のみである。覚醒剤使用に至った経緯はA子の供述以外にないけれど、その後の更生可能性は保釈後の生活態度等も証拠にすることができる。幸いA子の実家は小さな町工場を経営しているので、その手伝いをきちんとさせることにした。Bの死はショックだったが、A子に隠し続けていた素顔が最後に露になったことが、A子が実家に戻るきっかけにもなったようだ。A子は保釈から公判までの間、年末年始を挟んでよく働いて家業を助けた。毎日残業して働く精勤ぶりはタイムカードで証拠化することができた。

また、A子はBとの同棲時代、自身のアルバイト代だけでは生活費をまかないきれず、足りない分はクレジット会社からキャッシングしてまかなっていた。その額は一〇〇万円近くに上ったが、自己破産等の手段をとらず、家業を手伝って得た給料で支払いを続けることにした。これまで生活費に充てていた分を返済に回せば数カ月で完済できるからそうしたいという強い要望からだ。そうして借金を返し終わったら、学費を貯めてインテリアデザインを学びたいと言う。

公判では、本件覚醒剤使用に関してA子はむしろ被害者的な立場にあることを強く主張し、更生の意欲とそれを裏づける保釈後の生活態度について立証した。

懲役一年六月の求刑に対し、即日言い渡された判決は懲役一年六月、執行猶予三年というお決まりのものであったが、A子にとっては普通の社会に戻る特別の日になった。

COMMENT

ふとしたきっかけで家にも学校にも居場所がなくなってしまった少年がいる。そうした少年たちを巧みに取り込むのが暴力団関係者だ。BはA子に優しかったという。たしかに、暴力を振るったり風俗に売り飛ばしたりすることはなかったし、ぎりぎりの最後まで覚醒剤を打つこともなかった。とはいえ、A子の稼ぎを当てにしていたし、いかがわしい「事業計画書」の作成を命じたりしていたのだから、緩やかな搾取をしていたことに変わりはない。自殺にしてはしっかり結んであるなと思ったというBの変死はたまたまA子の留守に起きたが、もしA子が少し早く帰宅していたら、A子自身も何をされていたかわからない。居場所のない少女を保護する活動がもっと広がってほしいと思う[*]。

* 中高生世代の一〇代女性を支える活動をしている一般社団法人にColaboがある(https://colabo-official.net/)。相談、食事提供、シェルターでの宿泊支援、シェアハウスの運営、一〇代の女性たちによる活動、講演・啓発活動などを行っている。

起訴された他の犯罪事実の証拠

……強制わいせつ致傷事件等

追起訴

被告人の最初の起訴罪名は住居侵入、強制わいせつだった。女性に強制わいせつ行為をしようと考え、被害者Aさん方に無施錠の玄関ドアから侵入し、入浴していたAさんの身体に触ったというものだ。

その一カ月半後になされた追起訴の罪名は住居侵入、強制わいせつ未遂。女性に強制わいせつ行為をしようと考え、被害者Bさん方に無施錠の玄関ドアから侵入し、ベッド上で目を覚ましたBさんの口をふさぐ暴行を加え、わいせつ行為に及ぼうとしたが、抵抗されて目的を遂げなかったというものだ。

ここまでは通常の裁判手続で進んできたが、その二カ月後に追起訴された三件の事件の中に強制わいせつ致傷が含まれていた。

帰宅途中のCさんを人通りの少ない歩道上で押し倒してパンツを引き下ろそうとするなどの暴行を加え、強制わいせつ行為をしようとしたが、抵抗されて目的を遂げなかった。しかし、その際に全治一〇日の打撲傷を負わせたというものだ。他に帰宅途中のDさんに抱きついて着衣の上から陰部を触った強制わいせつ事件とEさん宅への邸宅侵入事件で起訴された。

Cさんの強制わいせつ致傷が入ったため、事件は裁判員裁判で審理されることになり、後に対馬に赴任するK弁護士が弁護人に加わった。

認否

公訴事実に対する被告人の認否は、Bさんに対する住居侵入、強制わいせつ未遂は否認。Eさん方の邸宅侵入は否認。Cさんに対する強制わいせつ致傷は、行為態様とわいせつの故意を否認。Dさんに対する強制わいせつと、Aさんに対する住居侵入、強制わいせつはいずれも認めるというものだった。

公判前整理手続と打合せの期日が重ねられ、争点が明確化されていった。

Eさんの邸宅侵入については、ドアミラーから被告人の姿を確認したという証言の信用性がポイントになるが、危惧されたのは、Aさんの事件もBさんの事件も住居に侵入している事件だから、予断を抱かれやすいということだった。同様に、Cさんに対するわいせつの故意否認についても、Bさんに対する強制わいせつ未遂の否認についても、AさんとDさんにわいせつ行為を行っていることから予断を抱かれやすいと思われた。

そこで、弁護人は審理に関する意見書を提出した。

審理に関する意見

意見書の内容は、①審理の順番を、犯人性が争点になるBさん、Eさんの事件、行為態様が争点になるCさんの事件、公訴事実に争いのないAさん、Dさんの事件の順に行ってほしいこと、②冒頭陳述は各事件の証拠調べの直前に事件ごとに行いたいこと、③中間論告、中間弁論を行いたいこと、を骨子とするもので、簡潔ながらK弁護士が思いを込めて書いたものであった。しかし、これを容れるとあらかじめ確保してあった公判期日では日数が足りない。あらためて日程を確保しなければならないが、それだけで何カ月も延びることになる。検察官はもちろん反対で、審理の順番も時系列に従って行ったほうがわかりやすいと主張した。

裁判所は難色を示すのではないかと思われたが、合議体は弁護人の意見を容れて、犯人性を争う事件から審理をすることを決め、中間論告、中間弁論も行うことになった。これによって争う事件は予断を抱かれずに判断してもらうことが可能になった。

立証趣旨の拡張請求

検察官は、被告人が犯人性や犯行態様を争うBさん、Eさん、Cさんの各事件について、いずれもわいせつ目的から出た犯行であることを証明するため、争いのない二件のわいせつ事件の事実を証拠として取り調べることを求めて立証趣旨の拡張請求を行ってきた。

これに対して弁護人は、犯人の同一性の認定に前科を用いることができないとした平成二四年最高裁判決（最判平二四・九・七）および前科以外の被告人の他の犯罪事実の証拠についても同様であるとした平成二五年決定（最決平二五・二・二〇）の趣旨に反するとして拡張請求は許されない旨の主張を行った。

他方、検察官は、犯人性を問題にするのではなく主観的要素の認定をするのだから二四年判決および二五年決定の射程外であると主張した。さらに、被告人に人格評価を加えるものでないこと、併合審理の事件の証拠であることから争点の拡散のおそれもないことなどを挙げて反論した。

この点については検察官の主張を是とするような文献も見られたが、これを許してしまえば争いのある事件を先に審理する審理計画の意義は失われかねない。

双方の主張が真っ向から対立する中で、裁判所は要旨次のように理由を述べて立証趣旨の拡張請求を許可しない旨の決定を下した。

故意・目的に関し、起訴された他の犯罪事実の証拠を用いることが許されるというためには、合理性に欠ける人格評価を介在させることがないよう、本件を含むそれらの犯罪事実について、日時・場所の近接状況、あるいは犯行態様の類似状況、類似行為が繰り返された件数、それら犯行期間の長短などといった事情から、犯人の意図・目的が、他の犯罪事実と同様の意図・目的で犯されたと合理的に推認できる程度の事実関係にあることが必要であると解される。しかるに本件では、場所的近接性はあるものの、時間的近接性、犯行態様の類似性、類似行為の繰り返しが乏しく、本件が他の犯罪事実と同様の意図・目的で犯されたと合理的に推認できる程度の事実関係にあるとは認められない。

この決定で、争いのある事件の審理は極力予断を排して行うことが可能になった。

量刑データベースの利用

審理はほぼ予定どおり進んだ。有利な材料に乏しいことも最初からわかっていたことだ。余談になるが、街頭の監視カメラの威力には驚かされる。いわゆる防犯カメラにとどまらず、コンビニ等に設置されている防犯カメラも、店の出入口を通して道路を行き交う人の映像をうまく捉える位置に設置されている。したがって、いざ調べようと思えば人の動静を難なく画像で把握することができるのだ。被告人の動静も監視カメラでしっかり撮影されていた。

争いのない事件もあるから全部無罪はありえない。したがって、量刑についての意見は当然述べなければならないが、裁判員裁判で用いる量刑データベースは当然のことながら対象事件の量刑データしか登載されていない。審理の対象となっている五件のうち、対象事件はCさんに対する強制わいせつ致傷のみ。しかし、これについては犯行態様とわいせつの故意を争っている。追い抜きざまにぶつかられてスマートホンを落としてしまったのに謝りもしないで行ってしまったことに腹を立てて追いかけて行って押し倒したという言い分が通れば単純な傷害事件だ。

しかし、強制わいせつ致傷が有罪と認定される可能性も高い。そうなったときに量刑データベースを踏まえた弁護をしておかなければ重罰化に歯止めがかからない。そこで、神山啓史弁護士と相談のうえ、架空の事件――五つの罪についてすべて有罪となった場合の事件――を想定して、量刑データベースのどのあたりに位置するかを示し、事実に争いのある本件においてはその量刑を上回ることはないという趣旨の弁論を行うことにした。

冒頭陳述、弁論の際の検察官の配布資料は洗練されていてわかりやすいものだった。求刑は七年、言い渡された判決は五年の実刑だった。弁護側の主張はほとんど排斥されたが、Bさんに対する強制わいせつ未遂と、Eさんの邸宅侵入の目的がわいせつ目的だという検察官の主張は排斥された。この点は争いのある事件から審理を行ったことの成果だろう。

審理を通じて、裁判所からはK弁護士に対して多大な配慮をいただいた。K弁護士もこれによく応えて頑張った事件だったと思う。

COMMENT

この事件は私が受任したものだが、地方赴任前に裁判員裁判を経験したいと熱望していた

K弁護士が積極的に役割をはたした。

桜丘法律事務所では、若手や新人が担当する刑事事件について、神山啓史弁護士から種々のアドバイスがなされるが、裁判員裁判事件については特に綿密な指導・助言がなされる。本件もそのような助言・指導が十分に生かされた事件だった。中間弁論、中間論告を行うことや検察官の立証趣旨の拡張請求に対する対応などは、神山弁護士のアドバイスの賜物である。

本文でも触れたが、本件では、裁判所からも、熱心な若手弁護士を裁判所の立場からきちんと育てたいという姿勢が伝わってきた。労を厭わぬ弁護活動に対して労を厭わず応え、公判前の手続を丁寧に行い、公判ではきちんとした判断をしていただけた。K弁護士はこの一件の事件から多くの物を学んだと思う。

決定的なビデオ

……住居侵入・窃盗事件

深夜の電話

その電話があったのは金曜日、午後一〇時を回った頃だった。受話器を取ると、「あ、つながった」と軽い驚きと安堵のつぶやきが聞こえた。相談の内容は息子の刑事事件の相談とのことだ。落ち着いて事件の内容を話してもらう。

被疑者A君は大学四年生。就職先も決まっていて、二週間後にはその会社が参加する海外イベントに同行させてもらうことになっていた。そのA君の被疑事実は住居侵入窃盗。深夜無施錠の女性宅に侵入し、衣類を盗んだというものだが、本人は否認しているという。

事件発生は三カ月前、逮捕されたのは木曜日。会社の関係の弁護士に依頼したもののどうも自信がなさそうだとのことだが、弁護人の活動を素人が評価するのは難しい。逮捕後の弁護人の弁護活動と今後の方針について尋ねた。

弁護人はA君と接見し、検察官ともすでに接触しているとのこと、証拠となる防犯ビデオも見せてもらったが決定的な画像はなかったと報告を受けているとのことであった。勾留については、検察官に対して勾留請求しないようにという趣旨の意見書は提出したものの、勾留質問のある土曜日に向けての動きはない様子で、勾留質問の後に警察署に接見に行く予定で、勾留理由開示を考えているとのことだ。

A君は家族と同居の大学生で前科前歴もない。就職も決まっていて、しかもその関係で近く海外渡航の予定もある。逆に、これに参加できなければ就職はおぼつかなくなる。これは本気で勾留を阻止しなければならない事案だ。勾留裁判官との面会は欠かせない。明日に控えた勾留質問に向けて動くのであれば即座に選任を受け、ただちに接見に赴き、種々の資料を集めなければならない旨を説明したが、この時点では選任に至らず、翌日の勾留質問の結果を待って決めるということになった。

受任

土曜日、弁護人からなんら働きかけを受けなかった裁判官は当然のごとく勾留決定をした。その電話が父親から入ったのは夜の八時を回った頃だ。接見に赴いた弁護人の話では、A君は勾留質問の場で、動揺して、罪を認めてしまったのだという。先行きを案ずる父親から正式に弁護の依頼があった。

あと一日早ければ勾留に対してきちんと対応することができたのが残念に思われたが、何はともあれ接見に赴いた。

現れたA君は精悍な顔つきの青年で、頭も良さそうであった。もちろん、犯行を否認している。勾留質問で犯行を認めてしまったのは事実だというのでその理由を質すと、否認すると長引くと思ったからだとのこと。勾留質問の際の受け答えについてあらかじめ指導しておくことの重要性を感じた。

A君に対しては逮捕後の捜査機関のスケジュールを伝えた。とりわけ、無実を訴えることと併せて早急に身体拘束を解くことの重要性を伝え、とりあえず勾留決定に対して準抗告を行う方針を伝えた。

接見の結果をA君の両親に伝え、翌日、準抗告に必要な書類をいただくことにした。日曜日、両親から必要な資料を受け取り、海外イベント出席のために必要な情報交換を行い、それを伝えるために接見に赴いた。また、月曜日以降の弁護活動を円滑に進めるために、所内でもう一人弁護人に加わってもらうことにした。

準抗告棄却

月曜日、準抗告を申し立てた。都内に家族と同居している大学生の初犯の比較的軽微な事件。逮捕時に自宅の捜索までなされているから、隠滅すべき証拠などもない。それゆえ、かなりの確率で準抗告が通るだろうと考えていたが、その期待は即日裏切られた。準抗告はその日の夕刻却下された。新たに加わったK弁護士は接見に赴き、その結果を伝えつつA君を励ました。A君の両親にも結果を伝えた。A君も両親も落胆は大きかった。

とはいえ、本件では落胆している時間的余裕もない。勾留延長をされたら海外イベントには出席できない。勾留満期が次の日曜だから、勾留延長を防ぐためにはこの週の金曜までに検察官に処分を決めさせなければならない。そのためにも、検察官と方針について意見交換をする必要がある。

火曜日、検察官に面談を申し入れたところ、時間を割いてもらえることになった。また、本人は否認をしているが、確たる証拠があるのかと尋ねたところ、防犯ビデオがあるとのことだった。ビデオそのものは手元にないが、抽出した画像の中に決定的なものがあるとのニュアンスだった。

その日の午後、K弁護士とともに検察官を訪ねると、検察官はビデオ撮影報告書を見せてくれた。そこには特徴のある服装の若い男が塀を乗り越え被害者宅に侵入する様子が写っていた。被害者宅のドアに出入りする様子も、別のガラス戸に反射して写っていた。その特徴あるトレーナーとパンツは、A君の部屋から押収されたものと同じ特徴を有していた。また、ぼんやりした顔写真ながら目鼻耳の配列の比率がA君のそれと一致していることも、二葉の写真の合成を利用してあきらかにされていた。要するに、犯人がA君である確率は極めて高いと思われた。否認を続ければ当然公判請求されるだろう。そして、無罪を獲得するのは至難の業だ。率直に証拠の開示に応じてくれた検察官に謝意を述べ、念のため本人に確認したいが、そのうえで認めることになった場合には、早急に捜査を遂げられ、勾留延長することなく略式罰金での処理を検討されたい旨述べてその場を辞した。K弁護士はただちに接見に赴いた。A君は、接見に赴いたK弁護士に対して、当初否認していたが、やがて住居侵入だけは認めると言い出し、最後には窃盗についても認めるに至った。当初否認した理由を尋ねると、親に会わせる顔がなく、最初に接見に来た弁護士に無実だと言ってしまい、後に引けなくなってしまったとのことだった。また、侵入した動機は、スリルを味わいたかったというものだった。

情状弁護

K弁護士は接見終了後ただちに検察官に電話して、A君が犯行を認めたことを伝えた。そのうえで、取調べに応ずるので速やかに取調べをされたい旨を伝え、さらに被害者と連絡を取ることの可否を被害者に尋ねてほしい旨を伝えた。

検察官はいずれも快諾し、被害者との連絡も迅速につけてくれた。K弁護士は検察官から教示を受けた被害者に連絡し、謝罪と示談に向けての面談の約束を取りつけた。

私はA君の父親に電話して顛末を伝えた。A君の両親は、当然のことながら相当ショックを受けたようであったが、それでも略式罰金で済ませることにより海外イベントの参加も可能になること、したがって就職にも支障なく事件を終わらせることができることなどを伝えると少し落ち着いたようだった。

K弁護士の努力にもかかわらず、被害感情は強く、示談はただちには成立しなかった。交渉をなおも誠実に続けることを約して示談継続となった。

木曜日、検察官に対して示談交渉の顛末を伝えるとともに、本件を、勾留延長することなく、略式罰金で処理されたい旨の申入れを正式に行った。

金曜日、A君は私たちの要請通り、略式罰金で釈放された。夕刻事務所で両親と再会したA君は少しやつれた表情ながら、両親に対して礼を言い、あらためて謝罪の言葉を述べた。私からは、侵入盗がいかに危険な犯罪と認識されているかを伝え、またもしどこかに侵入したくなったら連絡するように伝えた。スリルを味わいたくて住居に侵入するというのは病的な性癖の可能性がある。そう伝えたからといって連絡してくれるとは限らないが、本人が、もしかしたら病的性癖かもしれないと気づくことが、何らかの形で治療に結びつく可能性につながると考えたからだ。

その五日後、A君は海外イベントに旅立った。

今回の事件は、早期に検察官との面談を行ったことが早期の解決につながった。担当検察官の個性や事件の性質にもよるが、検察官との率直な意見交換の重要性をあらためて実感した事件であった。

COMMENT

かつてに比べて裁判所が勾留について慎重になっていることは前に述べた。だからこそ、逮捕されたらすぐに弁護人が動くことが重要だ。被疑者国選は身柄事件の全件に対応するようになったが、逮捕から勾留決定までの間はいまだ空白の期間だ。この間の最長七二時間は被疑者の勾留を防ぐための貴重な時間だ。

しかし、身体拘束された被疑者の知人や家族がただちに適切な弁護士に連絡できる場合は少ない。弁護士に依頼するかどうか、依頼するとしてどのように探せばいいのか等々迷っているうちに時間が経ってしまうことが多い。勾留質問の前日の夜になって依頼の電話がかかって来ることも少なくない。家族や友人が逮捕されたらただちに連絡してほしいと願うゆえんだ。

残念なのは、弁護士でもこの貴重な時間を無為に過ごしてしまうことがあることだ。身体を拘束された被疑者・被告人を解放するにもタイミングがある。勾留質問は最初の重要なタイミングだ。本件ではそのタイミングが生かされなかった。もちろん、その後の準抗告も通らなかったから、私たちが働きかけても勾留決定はなされてしまったかもしれない。しかし、だからと言って何もしないで良かったのだとは決して言えない。

本件は、女性宅に侵入し、衣類を盗んだ事件だ。実際に犯行に及んだとしても、他人に、特に家族には言いづらい性質の事件だ。本人の否認を疑うつもりは毛頭ないが、苦し紛れに嘘を言うことの可能性は常に念頭に置かなければならない。決定的な証拠があるにもかかわらず虚偽の否認をしているのだとしたら、捜査も公判も長引くだろう。しかし、被疑者には時間がなかった。検察官に証拠を見せてほしいと申し入れたのはそのゆえだ。

結果は、本文で述べたとおり、防犯カメラの映像は彼が犯人であることを示していた。そうであれば争うのは時間の無駄だ。ただちに接見し、認めたうえで、勾留延長をさせずに略式罰金の処理を求める方針に転換することとし、検察官に対しては迅速な捜査を求め、速やかに示談交渉を行った。

迅速かつ臨機応変な対応が功を奏した事件だと思う。

「けじめ」って何？

……強盗致傷事件

裁判員裁判対象事件

弁護士登録二年目を迎えたばかりのSさんに裁判員裁判対象国選事件の配転があった。起訴罪名は強盗致傷。深夜帰宅中の女性の後方から近づき、その頭部を拳で数回殴り、しゃがみこんだ女性のショルダーバッグの紐を引っ張りながら頭部を数回殴り、さらにショルダーバッグの紐を引っ張り、女性を転倒させて引きずるなどの暴行を加えてその反抗を抑圧し、財布等在中のショルダーバッグを奪い、その際、加療約二週間の傷害を負わせたという事件だ。

S弁護士が国選弁護人に選任されたのは二月一五日、被告人が起訴されてからすでに一週間が過ぎていたが、被疑者国選対象事件であるにもかかわらず、被疑者段階で弁護人はついていなかった。

Sさんは早速接見に赴いた。

公訴事実に間違いはない。取調べでも認めたとのこと。当日はお金がなくて困っていた。最初から盗ろうと思ってバッグを持っている人を探していたが、盗るだけで、殴ったり脅したりするつもりはなかった。被害女性を駅のロータリーで見つけ、一〇分くらいついて行った。周りを見渡して人がいなかったので実行に移した。

もともと東京で、双子の兄と同じ会社で大工として働いていたが、前年一〇月に兄と一緒に熊本の工事を行うことになった。しかし、熊本の環境に慣れることができず、仕事が嫌になって、兄には何も言わずに熊本を飛び出してきた。

本件犯行前はコンビニで漫画やＤＶＤを万引きして大手チェーンの古書店に転売して食いつないでいた。三回以上、一千冊くらい万引きした。

母は逮捕されてから四回くらい会いに来たが、どんな顔をして会えばよいかわからないし、自分の中でけじめがつかないうちに会うことはできないと思った。

信頼関係を築く前に厳しい追及をするのは禁物だと思って黙って聞いていたSさんは、心の中で、「けじめって何？」とつぶやいた。

違和感

この事件で不思議なのは、被疑者段階で弁護人がついていないことだった。Sさんが翌日の接見でその理由を尋ねたところ、つけたらどうなるのかがわからなかったから国選の選任を断ったとのことだった。弁護士に頼んで早く釈放してもらおうとも思わなかった。そもそも無理だと思っていたし、今も無理だと思っている。Sさんが接見に来て、説明を受けた今は弁護士の役割がわかるが、それでも具体的なイメージは持てないという。

強盗をやった後はやばいと思っていた。被害女性がどうというより捕まる方が怖かった。今一番不安になることはどれくらいで出られるかなということ。二、三年くらいかな。殴った理由は焦っていたから。もともと殴ろうとは思っていなかった。

被害者への対応は考えたことがない。示談なんていう言葉も聞いたことがない。示談できるならしたい。今はお金がないが、母に頼んでみたい。謝罪の手紙は考えてみる。国選弁護人をあえて断った理由もあまりよくわからない。被害者に対して詫びるという発想も希薄だ。Sさんは言いようのない違和感を抱いた。

兄との確執

Sさんはその翌日被告人の母から話を聞いた。被告人は兄と同じ職場で働いていたが、兄が何くれとなく面倒を見てくれていたようだった。けれども、被告人は要領が悪く、仕事のミスが多かった。懸命に教えても覚えない被告人に対して兄はしばしば暴力を振るった。

兄にしてみれば、他人の手前もある。どれだけ教えても失敗ばかりする被告人はやる気がないとしか思えない。自分が何とかしてやらなければならないとの思いから、本人のためを思っての体罰だったが、被告人は兄の体罰に嫌気がさした。そしてそれ以上に、いくら頑張っても仕事ができるようにならないことが辛かった。けれども屈折した心理からそれがそのまま表現されることはなく、熊本が嫌だったから東京に戻ったのだという説明になっていた。

鑑定請求

被告人が、犯行時に責任能力を有していたことは間違いがなさそうだ。けれども何らかの障害があるのではないか。被害者に対する謝罪の手紙はなかなか書けなかった。何を書いていいかわからないようだった。数度の接見で考え方のヒントを与えられてようやく書き上げた手紙は便せん一枚、本文九行で、文字も内容も、小学校低学年の児童が書いたようなものだった。いくら教えても仕事ができなかったというのも、本人の能力に問題があるはずだ。

Sさんは、新たに二人目の弁護人に加わった亀井真紀弁護士と相談のうえ、臨床心理士を伴って接見をした。費用は弁護士会の当事者鑑定費用援助制度を利用した。また、接見に際しては、面会時間延長の申出を行った。これにより一般面会時間一五分のところ三〇分に延長されたが、被告人の防御権を保障するためには、もっと十分な時間が確保されるべきであろう。

臨床心理士を伴う数度の面会の結果、被告人には自閉スペクトラム症、注意欠如多動性障害、精神遅滞等、何らかの障害があるように見受けられた。弁護人がそれらのエピソードを詳細にまとめて、①犯行当時および現在における精神障害の有無および程度、②犯行当時精神障害が存在していた場合、その障害が本件犯行に与えた影響の有無、程度および影響の仕方について精神鑑定請求を行ったところ、裁判所はこれを採用した。

鑑定の結果は、①犯行当時および現在において精神遅滞を認める。その程度は軽度から境界知能に該当する。②知的機能に関しては小学校五～六年生程度の学力は有しており、本件犯行の反道徳性は認識していた。しかし、軽度の適応機能の障害により、抽象的思考や合理的判断に乏しく、事態の変化に適応する能力が低いことから、葛藤を保持できず、短絡的に金銭を得るという本件犯行を招いた、というものだった。

情状弁護

被害者に対しては誠実に謝罪し、本人と母親の謝罪文を届け、示談を成立させた。加えて、被告人が反省し更生する意欲があるなら被告人を許すこととし、慎重な審理のうえ執行猶予付きの判決でも構わない旨の上申書をいただいた。

被害者の許しを得たとはいえ最低刑が六年以上の罪で容易に執行猶予判決が得られるとは思えない。素手とは言え頭を殴り、ショルダーバッグの紐を引っ張って、転倒した被害者をさらに引きずるなどは犯情としても悪質である。本件で執行猶予の判決を得るためにはできるだけのことをしなければならない。

Sさんはハローワークに赴いて就労支援の相談をした。また、本件で弁護人に指摘されるまで被告人の障害に気づかなかった母と兄に説明をして、被告人への接し方をあらため、適切な支援の体勢を取ってもらうように話した。

そうして被告人に有利な情状を作り、弁論を準備して、神山ゼミで検討の俎上に載せた。障害の点については厳しい意見が寄せられた。責任能力に問題がないなら障害について述べ立てても意味がないのではないか。示談と反省、それに障害があることだけで執行猶予は望めないのではないかという指摘が少なくなかった。障害を言うのであれば、それが今回の事件にどのように影響したのか、もっとはっきりさせなければならないのではないか。

弁護人はそれらの批判を受けて、弁護方針を再構築し、よく準備して公判に臨んだ。その結果、鑑定人医師に対する尋問では、被告人の精神遅滞が犯行の決意と犯行態様に影響していることなどを見事に明らかにした。それを踏まえた弁論はとても説得力のあるものだった。

求刑五年に対して下された判決は、懲役三年執行猶予五年保護観察付というものだった。粘り強く、検討に検討を重ねた弁護活動が実を結んだものだった。

COMMENT

Sさんは小さな違和感から被告人の精神遅滞を疑った。そして新たに加わった先輩弁護士と相談し、臨床心理士を伴って面会を行った結果、被告人には何らかの障害があることがほぼ確実になった。そして、それを踏まえての精神鑑定請求が認められた。粗暴なひったくり犯に見えた被告人は、不器用で、事態の変化に適応できない、軽度の精神遅滞を持つ青年だった。Sさんの、違和感を放置しない姿勢、臨床心理士の援助を求めることにした先輩弁護士の判断と精神鑑定請求を行う方針によって、被告人の精神遅滞を裁判員の前に明らかにすることができた。

桜丘法律事務所では月に一度、神山弁護士が中心になって新人弁護士が担当している刑事事件を題材に弁護方針を検討する勉強会を行っている。若手弁護士や司法修習生にもオープンで開かれているこの勉強会は神山ゼミとして知られている。

神山ゼミでは、「その精神遅滞と本件犯行がどう結びつくのかを明確にすべし」とのアドバイスがなされ、そのアドバイスは本番で生かされた。

保護観察付執行猶予の結果は、文字通り、粘り強い弁護活動の成果である。

なお、本文でも触れたが、臨床心理士の援助を受けるにあたっては、第二東京弁護士会の当事者鑑定費用援助制度を利用した。この制度は、裁判員裁判対象事件において、裁判員の理解を得るという観点から当事者鑑定の必要性が高い事件や、それ以外の事件においても、心神喪失もしくは心神耗弱の可能性が具体的に認められる事件、公訴事実に争いがある事件において、精神科医・心理学者やその他の専門家による当事者鑑定の必要性が高いと認められる事件を対象に、弁護人が行う私的鑑定の費用を一件当たり四〇万円まで援助する制度だ。積極的な弁護活動を後押しする良い制度だと思う。

医師対決

……傷害事件

有罪判決

「主文。被告人を懲役二年六月に処する。この裁判確定の日から……」。

無罪を争う事件で有罪判決の言渡しを受けることは珍しくも何ともないことだ。けれどもこの事件は無罪にしなければならない事件だった。事案は単純な傷害事件だったが、三人の医師の尋問がなされた「小さな大事件」だった。

突然の電話

ある日の午後、事務所に電話が入った。電話をくれたのは銀座でクリニックを開設している女医さん（以下、「A医師」という）だ。きっかけは患者が持ち込んだ一枚のレントゲン写真だった。「先生、このレントゲン写真を見てください」と言われて一瞥したA医師は、「あら、大腿骨骨折、大変ですね。お子さん転んだりされたのですか」と尋ねた。患者は、「これは私の姪のレントゲン写真です。このレントゲン写真が虐待の証拠だと言われて、兄が傷害罪で裁判にかけられているのです」。患者は無実を主張する兄を信じて、日ごろ親切に接してくれるA医師にレントゲン写真を見せたのだった。

A医師は整形外科の専門医ではないが、地方での勤務医時代から骨折についても多数の臨床例を目にしている。「この写真だけで虐待とは言えないと思います」と言って写真を預かり、他の整形外科医の意見も聞いたうえ、自身の結論が誤っていないことを確かめた。

それを聞いた被告人は、A医師と密に連絡が取れるよう東京の弁護士も依頼したいと言ってきた。それで桜丘法律事務所に電話をしたのだということだった。

A医師の協力が得られること、被告人に依頼の意思があることとすでに就任している弁護人の了解が得られることを条件に受任の約束をした。

検察側証人

A医師はすでに意見書のドラフトを書き上げていた。本件レントゲン写真からは虐待を断定できず、家庭内で普通に起きた事故の可能性が高いという内容のものだった。意見書は、従前から弁護人を務めているT弁護士を通じて検察官に開示されたが、検察官の意見は当然のことながら不同意だ。

私の就任後最初に予定されていた期日は検察側証人であるB医師の尋問期日だった。B医師は整形外科の専門医で、かつ、小児虐待についても精通している中堅の女医さんだ。

検察官は、B医師の経歴について尋ね、本件レントゲン写真が虐待の証拠だと考えられる根拠について尋ねた。その要点は、レントゲンから読み取れる内容が大腿骨幹部の螺旋骨折であること、大腿骨幹部骨折は二歳一一カ月の幼児が転んだ程度で起こるものではなく、大きな力が加わらなければ起きないこと、大腿骨の螺旋骨折は虐待によって起きる可能性の高い類型であることとであった。そのうえで検察官は、「本件が虐待によるものとしたらどのような態様が考えられるか」と尋ねた。「正直わからないとしか言えない」と断ったうえで、「足を持って振り回した際にお子さんが嫌がって体をねじってそこにねじりの力が加わるとか……それ以上のことは申し上げられません」というのがB医師の答えだった。

検察官の尋問はA医師の意見書についての評価に及んだ。B医師は専門外のA医師の意見書を取るに足らぬものという態度でこき下ろした。とくに、A医師が意見書中に用いた「屈曲骨折」という語については、そんな言葉は聞いたことがないと言い放った。

反対尋問では、B医師が虐待ありと断言する根拠が、大腿骨幹部螺旋骨折はよほど大きな力が加わらなければ起きないという一般論にすぎないことを確認した。

B医師の尋問で検察官立証はいったん終了。弁護人はA医師の意見書の取調べを請求。検察官意見が不同意なのでA医師の尋問を請求して、採用されることになった。

A医師の尋問

A医師は今でこそ銀座でクリニックの院長をしているが、二〇年以上前に地方国立大学の医学部を卒業した後は、まだ医師の少ないその地方で献身的な医療を行っていた。毎日のように当直を務めて救急外来の対応に当たっていた。救急外来では骨折は日常茶飯事だ。年間数百例の骨折を扱っていれば読影のスキルもおのずと備わる。

本件骨折は螺旋骨折というよりも斜骨折に近いもの。虐待でなくとも日常的に起きうるものだ。それに虐待の場合は傷害の部位が一カ所であることはまずない。ところが、本件は大腿骨骨折以外の損傷は一切記録されていない。本件ではむしろ布団の下に敷いてあったすのこに足を取られて倒れた可能性がある。

もし足を持って振り回したのなら、その持った部分に内出血などが残るはずであるし、膝や骨頭部に脱臼が生じるはずである。

A医師が記憶する症例の中にも家庭や保育園で大腿骨幹部の螺旋骨折が起きたものがあり、しかもその中の一例はA医師自身のお子さんだった。

反対尋問に立った検察官は詰問口調でA医師の経歴に虚偽がないかと切り出した。病院の記録にA医師の記録がないというのだ。

弁護人には想定外の質問だったがA医師は淡々と、記録にきちんと残っていないのは、特定の若い医師に過酷な仕事を押しつけたことを残しづらかったからだと思うと答えた。

尋問が終了し、弁護人はA医師の意見書を鑑定書に準ずる書面としてあらためて証拠請求し、採用された。

三人目の医師

検察官はあらためて三人目の医師、C医師の尋問を請求し、採用された。大きな公立病院の整形外科部長だ。

C医師は、本件骨折は斜骨折のように見えるが、螺旋骨折とも評価しうる。いずれにせよよほど大きな力が加わらなければ起きない骨折で、幼児の自重のみでは起きないし、転んだ程度では起きない。すのこに足が挟まる可能性は、すのこの隙間の幅から考えてないと思うし、すのこに足を挟んでも関節がクッションになるから大腿骨骨折には至らない。また、足を持って振り回したら脱臼するはずだというA医師の見解は誤りだと証言した。

犯罪の証明

B医師の証言とC医師の証言の特徴は、いずれも一般論を根拠に虐待の疑いが極めて強い、と言っていることである。そして、その証言自体には誤りはないだろう。問題は、それが、被告人を有罪とする決め手になるかということである。

これに対して、A医師の証言は、虐待でなくとも、家庭内や室内でふとした拍子に大腿骨幹部骨折は起きうるというものである。

論理的な思考をする者であれば両者が単に一般と例外の関係に立つものにすぎず、矛盾するものでないことは容易に理解できることである。

児童保護の観点に立てば、一般論に基づいてB医師やC医師が虐待を疑うのはもっともなことであるし、医師として正しい態度である。しかし、疑わしきは罰せずの原則が支配する刑事裁判においては、そうした一般論を根拠に有罪を認定することは許されない。A医師の言うように、例外的な事象がしばしばみられるのであれば、当該レントゲン写真のみを持って被告人を有罪とすることは許されない。

残念ながら判決は、A医師の証言とB、C医師の証言を対立するものと捉えたようだ。たしかにB、C医師の証言はA医師に対する反発を感じさせるものだったし、A医師の見解に異を唱える部分もあり、あたかも医師対決のような様相を呈した。それでもB、Cが正しいからAが誤っているのではないことは、弁論でも触れたし、裁判所は理解するものと考えていた。そこに詰めの甘さがあったかもしれない。わかるはずだと信じるのではなく説得して解らせること、そこにもっともっと力を尽くさなければならなかったかもしれない。今は控訴審に向けてそのための材料を集めているところである。

COMMENT

無罪の主張が容れられず悔しい思いをしたことは何度もあるが、この事件はその最たるものと言ってよい。何しろ献身的な医師の協力を得ながらそれを生かせなかったのだから。

協力をいただいた医師の証言は具体的かつ説得力のあるものだった。他方、検察側証人となった二名の医師の証言は、一般論的に虐待の可能性が極めて高いという意見に過ぎないものだった。弁護側の協力医と二名の医師の意見は論理的に矛盾するものではないにもかかわらず、二名の医師の態度は協力医に対する敵愾心に満ちたもので、本件は虐待による骨折以外にありえないという態度だった。医師のプライドがそうさせるのか、およそ、自身の見解に反する意見は容認できないと言わんばかりの態度であった。これに対して協力医は、事故によっても同様の骨折は起こりうるものであり、自身の臨床経験もあるから、本件もレントゲン画像のみから虐待とは断言できないと証言した。

これに対して、裁判所は二名の医師の証言と協力医の証言を相容れないものであるかのようにとらえ、二名の医師の証言が信用できるとして、虐待の事実ありと判断したのだった。

論理や修辞についでは人並み以上の能力があるはずの裁判所がどうして協力医の意見を切

り捨てたのか、と思うが、二名は放射線科の専門医と整形外科の専門医だから、それらを専門としない協力医の証言はそれよりも劣るものと評価したのではないかと思う。しかし、裁判官はそれではだめだ。専門家の意見を参考にしつつ、最終的には自分の頭で判断しなければならない。けれど他方、裁判官が自分の頭で判断できるようにさせるのは弁護人の役目だ。もちろん、主張すべきはしたが、理解を深めてもらうためにさらに一押しすべきだったのではないか。ここまで言えばわかるだろうと、手を緩めてしまわなかったか、そんな思いを引きずる事件だった。

この判決に対しては、控訴したが結論は変わらなかった。上告も棄却だった。それもあり、一層悔やまれる事件である。

99・8

……迷惑防止条例違反事件

夜中の受任

桜丘法律事務所ではときどき賄い飯が振舞われる。贈答品など事務所に届いた食材が料理され食卓に供されるのだ。

その日の食材は猪肉だった。鉄板焼きで食べることになった。準備に取り掛かったのが遅かったので、食事が始まるのは午後八時半を回っていた。事務所の電話が鳴ったのはちょうどうまい具合に焼けた肉を食べ始めたところだった。

電話の内容は、夫が昨日電車内で痴漢をして警察に捕まった。帰って来ると思っていたら帰って来ないのでどうしてよいかわからず電話した、という妻からの電話だった。被疑者自身も高をくくっていたのか、当番弁護士の依頼もしていないようだった。自宅は都内。

持ち家で家族と同居。勤め先も名のある企業の関連会社だ。逮捕直後に弁護人が選任されていたら、検察官に対して勾留請求をせぬように働きかけることもできただろうに、逮捕弁護で実働できるほぼ二日間を無駄にしてしまったことが悔やまれる。翌朝は勾留質問だ。

妻には今後の手続を説明した。翌朝裁判官が勾留について判断すること、東京地裁の勾留請求の却下率は一〇％程度であること、夫のケースではきちんと準備して裁判官に働きかければ勾留を防げる可能性も十分にあるけれど、もしそれをするなら今晩動かなければならず、妻にも事務所に来てもらう必要があること、勾留決定がなされた場合には一〇日間の勾留がなされること、準抗告の手段もあるけれど、身柄解放のハードルはやや高くなると思われることなどを説明した。

妻はそれでも決めかねているようだったので、弁護士がこれから接見に赴いて直接本人の意向を尋ね、それに従うということにした。

勾留請求却下

賄い飯もほどほどに、接見に行ってくれることになったのは若手ながら堅実な仕事ぶりに定評のあるＫ弁護士だ。被疑者本人に依頼の意思があればただちに事務所に連絡をもらい、K弁護士の帰所までに妻を呼んで身柄引受書などを作成することにした。

K弁護士から受任の連絡が入ったのは午後一一時近くのことだった。ただちに妻に連絡し、事務所に来てもらうことにした。K弁護士の帰所と妻の来訪を待つ間に妻の身柄引受書兼上申書を作成した。あらかじめ妻から聞き取った情報をもとに、家族関係が円満であること、被疑者がまじめな勤め人であることや前科前歴がないこと、事件についてはすでに会社に連絡ずみであるが、長期間の拘束は会社に大きな迷惑をかけてしまうことなどをまとめ、勤務先会社の情報などをインターネットで収集した。

ほどなく妻が到着し、それから少ししてK弁護士が到着した。K弁護士は接見で得た情報をもとに帰りの電車の中で勾留裁判官に対する意見書のドラフトを書き上げていた。

電車内での痴漢事件について裁判所は、かつてと違って一定の条件さえそろっていれば勾留をしない方針だ。ただ、本件では被疑者は犯行を否認しているとのことだから、その点はあまり楽観できない。

妻から補充の事情聴取を行った後、K弁護士は意見書の細部を整えて裁判官との面会に備えた。

翌朝、K弁護士と裁判官との面接は特段の問題なく終わり、午後には勾留請求を却下した旨の連絡が届いた。

勾留請求却下率の推移

勾留請求却下は、二〇年くらい前まではほとんど見られなかった。それが最近の東京地裁では一〇％を超えるようになったことは先に触れたとおりである。ちなみに司法統計年報によれば、二〇〇〇（平成一二）年から二〇一六（平成二八）年までの全裁判所の勾留請求却下率の推移を見ると、〇・四％から三・九％までほぼ一〇倍になっている。これをグラフに示すと図1のとおりである。

これを地裁に限ってみると、二〇〇〇年には〇・七五％から六・八％までやはり九倍になっている。そしてこの却下率は地方に

図1　全裁判所勾留請求却下率（％）

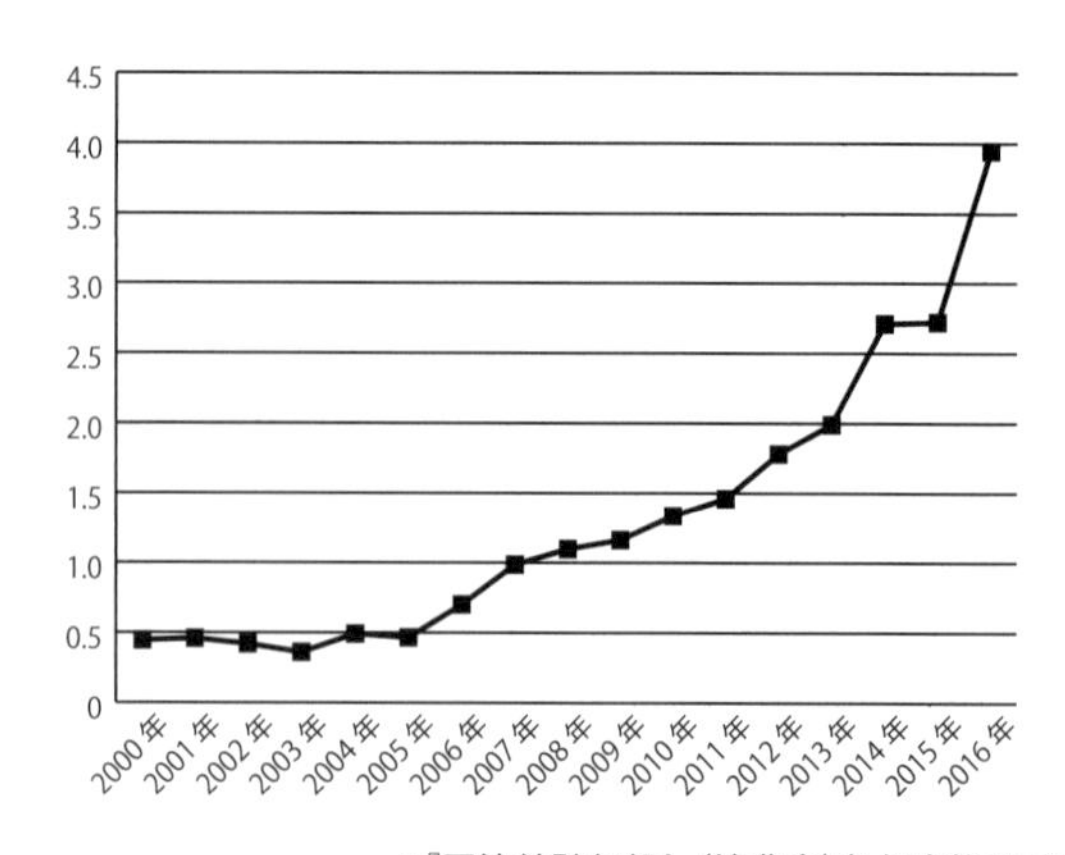

＊『司法統計年報』（法曹会）各年度第15表より作成。

よってばらつきがあることから、東京地裁やさいたま地裁ではすでに一〇%を超える却下率だとのことである。

抑制的になった身体拘束

勾留請求却下が一〇%を超えたことは古い時代を知る弁護士には驚きであるが、それを踏まえて検察官が勾留請求に慎重になっていることがうかがわれる。犯罪白書を見る限りではいまだ顕著な変化は見られないが、二〇一八(平成三〇)年に入ってからの当事務所での取組みの成果を見ると、検察官に対する働きかけにより、検察官が勾留請求を控えた事案が少なくない。逮捕段階から活動を開始した事案の実に三六%は検察官が勾留請求を差し控えている。これに対して、裁判官が勾留請求を却下した事案が二七%、勾留に対する準抗告が認められたものが一〇%、勾留決定がなされて覆らなかったものが二七%という割合である。もちろん罪名にもよるけれども、逮捕段階の弁護活動により七〇%以上の被疑者について早期に身体拘束を解くことができたことになり、しかもそのうちの半数は検察官が勾留請求を控えたことになる。

検察官に対する働きかけや説得についていまだ懐疑的な向きも少なくないと思われるし、

事案によりけりではあるが、身体拘束の必要性がなく、被疑者が身体拘束により過大な不利益を被ると考えられるような場合には、検察官に対して積極的な働きかけをすることが重要になってきているように思われる。

勾留請求の却下率ほどではないが、保釈率の変化も顕著である。二〇〇〇年には一三%にまで低下していた保釈率が二〇一六年にはほぼ三〇%にまで達している(図2)。裁判所の、身体拘束に対する姿勢が全体として大きく変化していることはここでも見て取ることができる。

図2　保釈率(%)

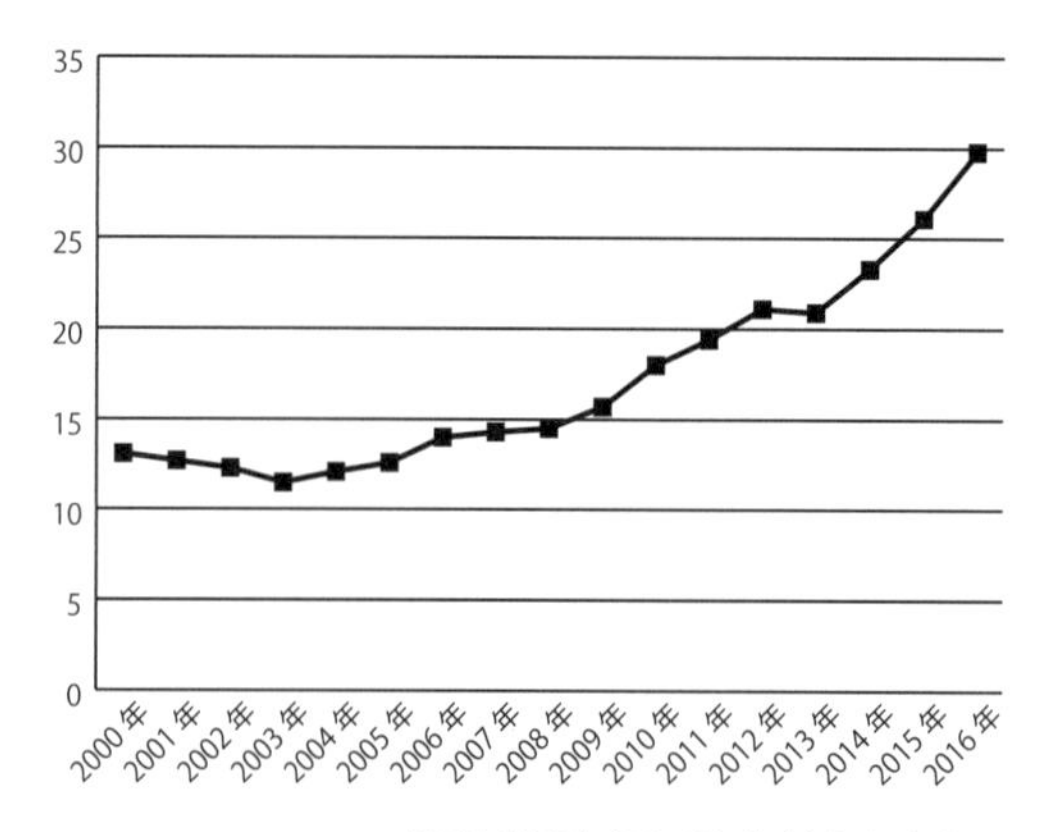

*『司法統計年報』(法曹会)各年度第16表より作成。

99・8

最近人気のあったTV番組に「99・9――刑事専門弁護士」という弁護士ドラマがあった。日本の刑事裁判の有罪率は九九・九%……というナレーションで始まる番組だが、実はここにも変化が見られる。長らく九九・九%以上の有罪率が続いていた刑事裁判だが、地裁一審の判決を見る限り最近の有罪率は九九・八%に減少している(図3)。
　中堅以上の弁護士の間では最近の若手の刑事弁護での活躍が話題に上ることが多い。すべてが理想通りに動いているとは思わないが、刑事弁護はこれまで以上にやりがいのある仕事になっているようだ。

図3　地裁第一審有罪率(%)

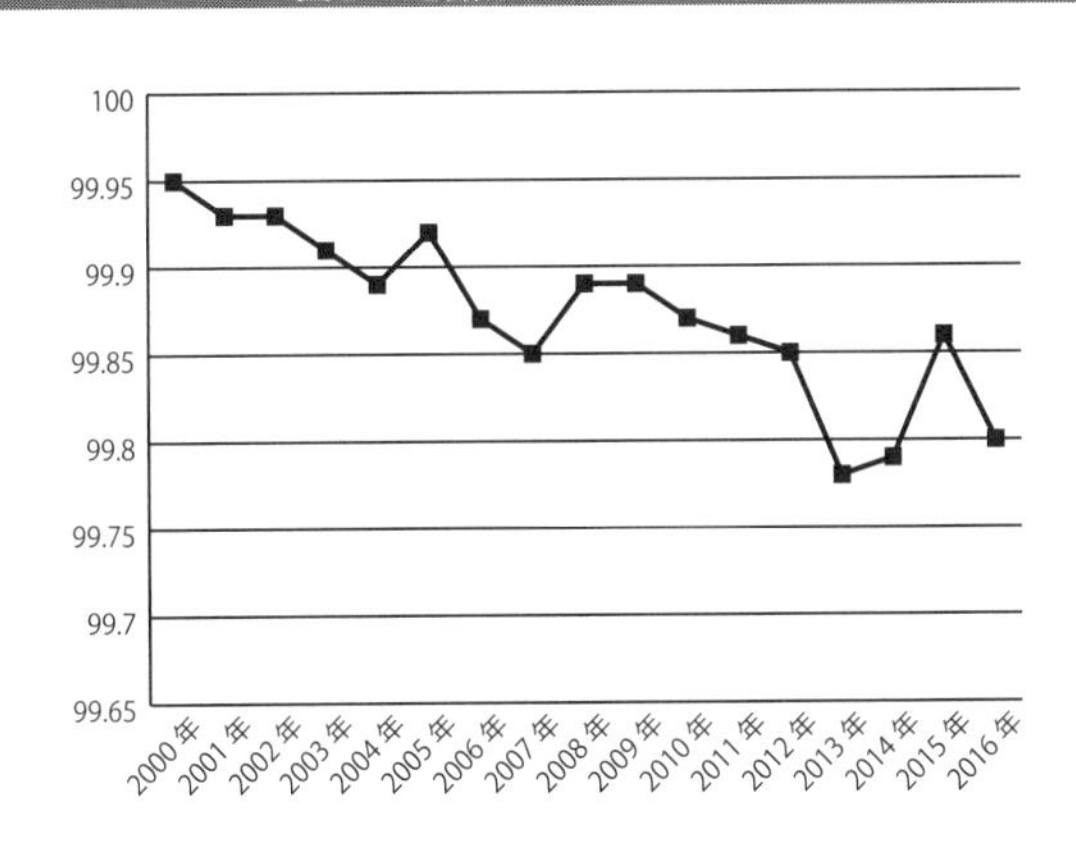

＊『司法統計年報』(法曹会)各年度第33表より作成。

COMMENT

『99・9』は言わずと知れた松潤こと松本潤さん主演の人気TVドラマのタイトルだ。日本の刑事裁判の有罪率が九九・九％だというナレーションから始まるこの番組のおかげで、無罪を獲得することの難しさは広く市民に知れわたったようだ。本文では最近の変化を踏まえて「99・8」というタイトルをつけた。ごく最近の有罪率は九九・八％にまで下がってきているからだ。平成三〇年度司法統計年報（刑事）の第二一表によれば、全地方裁判所の通常第一審事件の終局処分で有罪の総数が四万八千五〇七件、無罪の数が一〇五件となっている。そこで、有罪の数を有罪数と無罪数の和で除すると〇・九九七八四（四万八千五〇七／（四万八千五〇七＋一〇五）≒〇・九九七八四）、すなわち約九九・八％弱ということになる。

勾留請求の却下率も、平成三〇年度司法統計年報では、地方裁判所の勾留請求却下率は九・四六％にまで上昇している。本文の六・八％というのは平成二八年度司法統計年報の数字だから、わずか二年の間にさらに上昇していることがわかる。

保釈率も同様に、二年の間に三〇％から三三％に上昇している。

九九・九から九九・八へ、わずか〇・一％の変化であるが、身柄関係の統計などを併せて検討すると、近年の（特に若手を中心とする）弁護活動の質の向上と、裁判所が従前よりも慎重な姿勢を取るようになってきたことがうかがわれる。

少年事件初体験

……強制わいせつ致傷事件

受任

桜丘法律事務所に入所して一年半になるB君はいまだに少年事件の経験がなかった。そんなB君に他事務所の先輩弁護士から少年の刑事被疑事件の共同受任の誘いがかかった。他事件との関係で、家裁送致後の付添人活動をしなければならない時期に十分な活動ができないので応援を頼みたいとのことだった。

少年は一五歳。もうすぐ一六歳になる高校一年生の男子。被疑事実は他の少年三名と共謀の上、一五歳の少女を取り囲み、押さえつけて乳房や陰部を触り、その際に加えた暴行により全治一九日の傷害を負わせたという強制わいせつ致傷事件だ。

B君は早速接見に赴いて少年に事情を尋ねた。少年によれば事実は次のようなものだった。

少年と被害者とは高校の同級生。この日は中学の後輩三人と、被害者の少女とで遊んでいた。現場の公園のベンチで休んでいると、後輩たちが被害者をくすぐり始めた。少女は時間だから帰ると言ったが後輩はくすぐり続けた。自分はそのとき友達から電話がかかってきたのでその場所から少し離れた。戻って来たときには少女に対する加害行為はもう終わっていた。

Ｂ君は少年に対して否認で頑張るように告げ、接見を終えた。

事務所に戻ったＢ君と少し話した。異論があることも承知だが、成人の事件と少年の事件は異なる。少年の刑事被疑事件は家裁送致を機に少年保護事件になる。罪を犯した者に適正な刑罰を科す刑事訴訟事件と、少年に適切な保護を与える少年保護事件は理念からして異なる。刑事訴訟であれば、被告人が罪を犯していようがいまいが、有罪であるなら証拠を示せと捜査官に迫ればよい。しかし、少年保護事件の場合は、少年が罪を犯しているのであればその原因を突き止め、少年を矯正することに意を用いなければならない。おのずと向き合い方に差が出てくる。

少年の話には違和感を覚えた。被害者は同級生だ。少年は、後輩たちがくすぐり続けていて、自分が目を離した隙に起きて終わった事件だというが、中学の後輩が、先輩の同級生の女性を、先輩が目を離した隙に勝手に襲うわけがない。また、そうであるなら被害者が、同級生である少年もわいせつ行為を行ったとして告訴するわけがない。

B君も、現時点での少年の弁解は疑わしいと思っているというので、疑問を留保していることを少年に理解させるように助言した。

頭から嘘と決めつければ少年は心を開かなくなる。さりとて無条件に信じているような態度を取ると、大人を騙せると勘違いしてしまいかねない。だから少し距離を置いて、騙されてはいない、その点で、侮りがたいが自分のために一生懸命動いてくれている大人にならなくてはいけない。

環境調整

B君は少年との接見を重ねつつ、両親からの聞取りを行った。少年の家族は両親と兄の四人家族。父は単身赴任でなかなか少年と接する時間が取れない。兄は定時制高校に通っていて、弟のことを案じているとのことだった。ただ、非行少年の家庭にありがちなように、この父親にも他の家庭と異なる感覚のずれが感じられた。

酒・たばこは、「男の子だし」ということで特に気にも留めなかった。むしろ酒は勧めたことがある。法律を守るということはシンプルだが、女関係は親としては口を出しづらい。今回の件は性的な目的があったのではないと信じているなどと述べる。

被害者との示談について話が及ぶと、示談など考えられない、そんな時間までいた女が悪いと一蹴し、むしろ少年が被害者に対して報復に及ばないか心配だと言い出す始末だった。

B君は少年が通っていた中学校を訪ねて少年の在学中の様子を聞いた。勉強はできないが、絵を描くのが得意で、スポーツも得意。音楽や合唱も一生懸命で、悪さをすることもない元気な子だとのことだった。ただ、注意をするとふてくされたりするようなこともあり、学校側としては保護者に問題があると考えているとのことだった。

内省の深まり

この間少年は家裁に送致され、観護措置の決定がなされていた。罪名が重く、家庭の観護能力が低く、被害者が近所の少女であることなどに鑑みれば当然のことであろう。

少年はB君と接見を重ねるうち、少しずつ真実を語るようになった。最初はくすぐりに参加していたことのみを認め、後輩を止められなかったことを申しわけなく思うというような調子だったが、徐々に身体に触ったことについても認めるようになった。また、当時一緒に酒を飲んでいたことや、少女が少年に好意を寄せていて、少年は以前にも、少女と二人だけのときに少女の胸を触ったことがあることなども明かされた。

少女の供述調書によれば、大事にしたくないと思い、最初は被害届の提出を拒んでいたが、少年が否認しているのを聞いて許せないと思い、提出に踏み切ったとのことだった。本当に少年のことが好きだったのだろう。抵抗した際に頭を道路に打ちつけられて、怪我までさせられて、それでも被害届の提出を拒んでいたのは少年に対する思いからだろう。少年が罪を認めて真摯に謝罪していれば、その是非はともかく、少女が被害届を出すことはなかったに違いない。

B君は少女の気持ちに思いを致せと少年に迫った。

少年の内省はゆっくりとではあるが、深まって行くように感じられた。

観護措置取消

一六歳の少年を社会内で矯正するためには、学校に通うなり働くなりして規則正しい生活を送ることが重要だ。少年も両親も、高校を卒業することを望んでいた。とはいえ、同じクラスに被害者が在籍している高校に戻ることは、少年自身が厳しい非難の目を向けられるのは当然としても、それ以上に被害者にとって受け入れがたいことだろう。そこで、兄の通う定時制高校への転学を検討した。その手配も両親が行うことになっていたが、そうなっていても何もせぬまま日にちだけが過ぎるのが非行少年の家庭だ。B君は数日で見切りをつけて、自身で兄の通う高校に連絡を取り、事情を伝えて転学の可否を尋ねた。高校からは、予定されている試験に合格すれば入学を認めるとの回答を得た。

ただ、転学予定の高校の編入試験の期日は審判よりも数日前に予定されていた。受験のためには観護措置を取り消し、少年の拘束を解かなければならない。B君は観護措置の取消しを申し立てた。その甲斐あって、家裁は編入試験の前日以降の観護措置を取り消した。

B君は転学を視野に入れた時点で鑑別所に問題集を差し入れるなどして学習を促していた。また、観護措置取消後は、数日ではあるが、勉強を見るなどしていた。

そうして臨んだ編入試験だったが、少年は不合格だった。残念ではあるが、次の機会を待つことになった。こういう時に気をつけなければならないのは落胆のあまり生活態度が乱れることだ。これを見越したわけではないが、観護措置を解かれた日から審判までの期間は社会内での矯正が可能であることを証明するために、規則正しい生活をさせ、日程表をつけさせていた。

審判

Ｂ君は裁判官と面会して少年の現状と付添人の問題意識を伝えた。また調査官面会では調査官の考える少年と家庭の問題点を聞き出した。

Ｂ君は少年の父親を改めて説得して弁償金の支払を承諾させ、それを被害弁償金の一部として受け取ってもらうことができた。

そうして迎えた審判では当然のことながら審判官から少年に対して厳しい質問と指摘がなされ、さらに父親に対しても被害者の父親の心情に思いを至らせる質問がなされた。言い渡された処分は保護処分だった。多くの労力を割いた事件だったが、労苦の報われる結果が得られた。

COMMENT

成人の刑事事件と少年事件とでは、弁護活動において共通する点ももちろんあるが、刑事訴訟法と少年法ではその制度が目的とするものは大きく異なる。刑事訴訟法の目的が刑罰法令を適正かつ迅速に適用実現すること（刑訴法一条）であるのに対し、少年法の目的は少年の健全な育成（少年法一条）である。その違いをどれだけ重視するかは弁護士によってかなり異なるようだ。私は、どちらかというとその違いを重視する方で、ほとんどの事案では、少年の教育、矯正を目指した活動をしたいと考えているので、新人に対する指導や助言もそうした方向で行うことが多い。

非行少年の中には、大人や社会を信頼していない者が少なくない。おそらく期待しても裏切られるばかりで、ロールモデルとすべき大人が身近にいなかったのだろう。だから、弁護士が「君の味方だよ」なんて顔をして出かけて行くとその値踏みをされることがある。実際には罪を犯しているのに否認するのは、罰から逃れたい一心からという面もあるが、「ちょろい大人だったらこれをうまく利用してやろう」という下心が見え隠れすることもある。

弁護士としては、少年のことを親身に考える大人であることを示さなければならないから、そのためにはじっくり話を聞く必要がある。頭から決めつけることはしないが、何でも言いなりになると勘違いさせてはいけない。新人弁護士は、時として、少年を信じることと少年の言い分を鵜呑みにすることを混同するが、誤りである。冤罪だったらこれを晴らすのは当然のことだが、嘘の言いわけをしているのであればそこはきちんと正さなければならない。

本件の少年が、当初否認し、次に後輩に罪を押しつけ、最後にようやく認めるに至ったのは、

B弁護士が接見・面会を重ね、丁寧に話し合ったからだ。

少年法は、性格の矯正及び環境の調整を保護処分の目的としている（一条）。そこで、家庭環境の調整が必要になる。非行少年の家庭を見ると、保護者の規範意識が明らかに低い家庭が一定の割合で存在する。本件少年の父親などはその典型で、「酒・たばこは男の子だし」「女関係は親として口出ししづらい」挙句「そんな時間まで外にいた女が悪い」などの言い草を裁判官が聞けば、こんな家庭に返すくらいなら施設で矯正しようと考えるだろう。こうした親はまた、なぜか自身の子育てや処世術に自信を持っていることが多く、若い弁護士や女性弁護士に対してしたり顔で持論を述べ立てることが多いので、説得に苦労することも多い。B弁護士はここでも丁寧な説得をし、他方で、口先だけで何もしない親に代わって学校に連絡を取るなどして、高校の編入学試験の準備なども進めた。そして、目標を定めた少年に問題集を差し入れたり、勉強をみたりするなどの面倒も見た。

そうしたB弁護士の姿勢が少年を動かし、裁判所も動かしたのだろう。B弁護士にとっても得る物の大きな少年事件だったと思う。

黙秘と期日間整理

……傷害致死事件

記憶なき暴行

地方赴任から帰って間もないK弁護士に当番弁護の要請があった。罪名は傷害致死。家で一緒に酒を飲んでいた知人と喧嘩になり、知人に傷害を負わせたところ、知人は亡くなってしまったという事件だった。家には被疑者Aとその知人Vのほか、Aの妻とその友人もいたが、別室にいたため事件そのものは目撃していない。

この事件は私選で受任することになり、K弁護士のほかI弁護士が担当することになった。

早速警察署に赴いて接見したところ、次のような事情がわかった。

Aは午後八時ころまで工場で働いた後、職場近くの駅で三五〇ミリリットルのハイボール缶を一、二本買って、電車の中で飲みながら帰途についた。そうしたところ、妻からラインで、親友のTさんと一緒に自宅近所の居酒屋で飲んでいるから合流しようという連絡があった。

午後一〇時過ぎに居酒屋に着くと、Aの妻と子、Tさんとその子の四人に加えてTさんの友人だというVが待っていた。Aはここでもハイボールをジョッキで三杯ほど飲みながら皆と世間話などをしていた。そのうちに終電がなくなったので、Tさん親子もVもA宅に泊まることになった。

Aの自宅は三階建ての一軒家。Aの妻とTさんは三階の寝室で早々に寝てしまい、AとVは二階でさらに飲みながら話を続けていた。

以後のAの記憶はほとんどない。診察を受けたことはないが、これまでも飲酒すると記憶がごっそり抜けることはあった。わずかに記憶にあるのは、一緒に飲んでいる最中にVから「気にくわないな」「嫌いだな」「最低だ」などと言われたこと、Vが殴るようなしぐさをしていたこと、Aの頭をヘッドロックのように抱えたことと、次に覚えているのは一階の三和土に倒れているVの前に立ち、妻に抱きつかれている場面、そして警察署で、先に殴られたから殴ったという説明をしたことくらいだ。なぜ暴力沙汰に至ったのか、どんな暴行を加えたのかについてはほとんど記憶がなかった。

K弁護士はAに黙秘するよう伝えた。

捜査段階で黙秘をさせないという選択をすることがないわけではない。しかし、それは黙秘をさせないことに明らかなメリットがある場合に限る。本件のように人が亡くなっていて、なおかつ本人の記憶がほとんどないような場合に、捜査官の誘導などに乗って推測交じりで迎合的な供述をすると後でとんでもないことになる。

K弁護士とI弁護士は接見時にAから聞き取った内容を供述録取書の形で書面にし、確定日付を得た。また、Aの妻やTさんからも同様に聞取りを行い、供述録取書を作成した。妻によれば、Aは、物音に気づいて駆けつけた妻に対して、正当防衛だと言っていたとのことであった。

起訴

連日の取調べでは当然のことのように供述を求められたが、Aは黙秘を貫いた。

Vの死因は頭頂部左側打撲による脳底動脈の破綻とそれによるクモ膜下出血だった。頭頂部打撲は頭部左側を下に「逆落とし」した場合に生ずるが、転倒によっても生じうる。検察官としてはこの受傷に関してAの供述を得たかったものと思われるが、それはかなわなかった。

勾留満期の日、検察官は、「Vの顔面に数回何らかの暴行を加え、よって、同人に全治不詳の右眼部打撲傷、口部打撲傷を負わせた」傷害の罪でAを起訴した。

死因となった傷害をAが負わせたことの証明ができないと判断した検察官は、送致罪名の傷害致死のままでは起訴できないと判断したものと思われるが、もしAが捜査官の誘導などによって「よく覚えていないが……かもしれない」などという供述をしていたら傷害致死での起訴も十分にありえただろう。あらためて捜査段階での黙秘の重要性を考えさせられる。

期日間整理手続

第一回公判期日。弁護人は起訴状につき、Aの暴行の具体的態様とVの傷害の程度について明らかにされたい旨と、Aの暴行とVの死亡との事実的因果関係について検察官はどのような主張をするのか明らかにされたい旨の求釈明を行った。

これに対して検察官は、暴行の具体的態様と傷害の程度は起訴状の記載で十分である旨、また、暴行と死亡の事実的因果関係については主張しない予定である旨答えた。

そして、起訴状朗読の後、被告人は暴行の有無や内容およびその回数については記憶がない旨を陳述し、弁護人は、何らかの暴行を振るったことは争わないが、正当防衛を主張し、かつ責任能力を争う旨陳述した。

続く検察官冒頭陳述および検察官請求証拠の取調べを終えた段階で、弁護人は次のような書面を用意して、本件を期日間整理手続に付することを求めた。

本件において弁護人は、Aの暴行に先立ちVからAに対する暴行があったことや飲酒酩酊による責任能力を争うことを検討している。そうすると、適切な防御を行うためには証人尋問を予定している者の供述録取書や事件現場から採取した遺留物の鑑定結果など、検察官が有する多数の証拠の開示を受けることが不可欠である。また正当防衛や責任能力などの争点に関しては検察官から証明予定事実記載書の交付を受けて争点を明確にするとともに本件の審理予定を策定する必要がある。

もちろん、裁判所と検察官にはあらかじめその趣旨は伝えている。裁判所は本件を期日間整理手続に付することを決定し、公判期日終了後ただちに期日間整理の手続に移った。

期日間整理手続は、事実上の打合せ期日も含めて回を重ねたが、回を重ねることによって双方の主張がより緻密なものになっていった。

起訴状記載の訴因は「顔面に数回」の暴行が「顔面及び頚部に」、また「口部打撲傷」

は「左上顎第一歯折損、上下口唇挫裂創及び頚部打撲傷」に変更された。これに対して弁護人は、頚部への暴行を争い、顔面への暴行については正当防衛を主張した。また、左上顎第一歯折損、上下口唇挫裂創及び頚部打撲傷についてはAの暴行との因果関係を争うと主張した。他方責任能力については争わない方針を固めた。

そうしたやり取りを受けて、最終的な争点整理案は暴行の有無および傷害との因果関係について双方の主張を明確にしたうえで、正当防衛の成否について次のようなものになった。

検察官は正当防衛が成立しないことを基礎づける事実として、❶遺体の創傷の性状から、AがVに対して強度の一連の暴行を加えていること、❷AがVに対し挑発する言動を取っていること、❸Vが被害時中程度の酩酊状態にあった半面Aは強い酩酊になかったこと、❹逮捕時、Aの頚部、顔面および頭部には特段の外傷が見られなかったことを主張する。

これに対し、弁護人は①AのVに対する暴行に先立ちVのAに対する殴打や、VがAの頭部を脇の下に挟み込み両者が揉みあいになるなど何らかの急迫不正の侵害が存在した可能性があり、Vの暴行は自己を防衛するための相当性を有する防衛行為であると主張し、②前記❷❸❹は争わぬものの❶については強度の一連の暴行は存在しないと主張する。

証拠調べは三回の期日で行われた。一日目は解剖医の尋問、二日目は元妻の尋問、三日目は歯科医師の尋問と被告人質問および情状証人の尋問である。そしてこれらを踏まえて論告、弁論が行われた。

判決

一カ月後に言い渡された判決は懲役一〇月、執行猶予三年（求刑懲役一年）。公訴事実はすべて認められ、正当防衛の主張は排斥された。逮捕から判決まで一年三カ月を要した事件となったが、裁判所がVの頭部の受傷について「V自身ではできない形の受傷」と認定していることを踏まえると、当初からの争いよういかんでは送致罪名通り傷害致死に問われる可能性も高かった事件と思われる。そのことからしても、主張が容れられなかったからといって丁寧な弁護活動が価値を損なうことはないと思う。

COMMENT

事実に争いがある場合には黙秘をすることが重要かつ原則的な対応である。本件はそのことを示す典型的な事件だった。事件当時の記憶がほとんどないAが捜査官の理詰めに応じて、たとえば、「その場には自分しかいなかったので、Ｖが何か怪我をしていたのであればそれは自分のしたことです」などという調書を取られていたら、傷害致死での起訴は免れなかっただろうし、判決でもその旨の認定がなされたものと思われる。改めて黙秘の重要性を考えさせられる事件であった。

本件はまた、期日間整理手続を求めた点でも参考になる。致命傷となった傷害を含むＶの複数の傷害につき、Ａが加えたのはどれか、それらの傷害とＶの死との間の因果関係について検察官は何らかの主張を行うのか、検察官はどのような証拠に基づいて何を立証しようとしているのか等をあらかじめ明らかにして争点を絞っていくうえでは、手探りで公判を進めていくよりも、期日間整理手続で証拠の開示を受け、証明予定事実記載書の交付を受けて事実主張書面を提出する方が、双方の主張がより明確かつ緻密になる。因果関係や正当防衛などの争点を含む本件は、期日間整理のメリットが大きかったと事件だと思う。

死んじゃえ

……殺人事件

心臓を一突き

その日A君が自室で休んでいると、酔った父親が帰宅した。父親は帰宅するやA君の弟に対してトレーナーはどうしたと尋ねた。弟は少し前に父親からお気に入りのトレーナーを拝借したのだった。

翌日それを着てゴルフに出かけたいと考えていた父親は数日前から弟に早く返すように催促していた。けれど弟は部活のロッカーにしまっておいたはずのトレーナーをどこかになくしてしまったようで、結局見つからぬままゴルフの前日を迎えてしまった。

父親は激しく弟を叱責した。弟は何度も謝るが酔っている父親は聞く耳を持たない。大声での叱責が続いた。

長く続く父の叱責に居たたまれなくなったA君は部屋を出て、父親に向かって「家の空気が悪くなるからもうやめろよ」と言って制止を試みた。しかし、父親は「お前だって家の空気を悪くしているだろう」と言い返した。たしかにA君は最近家族との接触を嫌うようになっていたし、部屋を出るときには携帯を大音量にして音楽を鳴らしたりして家族を困惑させていた。A君は父親に言い負かされたような形で自室に戻った。

自室に戻ったA君は、タンスの中にあった果物ナイフを取り出して空を衝いたりカーテンを切り裂いたりして、父親が弟を叱りつける声を聞いていた。

叱責の時間は実際には三〇分ほどであったがA君には一時間も続いていると思われた。A君は果物ナイフを手にしたままふらりと部屋を出た。そこからのA君の記憶はまだらだ。

「死んじゃえ」と言うと同時に父親の胸に刺さった果物ナイフを自分が握りしめていることに気づいた。

呆然と立ちつくすA君の前で、弟と、異変を察して自室から出て来た母親は救急車を呼び、応急処置についての指示を受けた。それまで止血のために傷口に手を当てていた弟が心臓マッサージを始めようとしたとき、A君は我に返って「その手を放さないで」と叫んだ。「それならばお兄ちゃんも手伝って」。A君は必死に心臓マッサージを始めた。

A君は救急隊とともに駆けつけた警察官にその場で逮捕された。父親はその日のうちに亡くなった。

鑑定

一月に起きたこの事件を、当時登録したての新人S弁護士と受任した。接見して見るA君は名門私大に在学中の二年生、さわやかでお洒落な今風の大学生という印象だった。ただ、動機については今ひとつよくわからなかった。父親の暴力から弟を守ろうとしたのではないかなどという憶測記事がマスコミに流れたりもしたが、当日の父親は、大声でくどくどと説教を続けていたものの、暴力を振るってはいなかったし、弟もこれを適当にいなしていた。刃物を持って助けに入るような状況ではない。では、なぜ刺してしまったのかと尋ねると、気づいたら刺していたというばかりだ。他方で「死んじゃえ」と言って刺したのだと言う。ではなぜ「死んじゃえ」と思ったのかと尋ねるとわからないと言う。ちなみに弟に尋ねると、A君が発した言葉は「いい加減にしないと刺すぞ」というもので、「死んじゃえ」とは絶対に言っていないとのことだった。

父を刺して死なせてしまったことについてどう思うかと尋ねると表情も変えずに「申し

わけないことをしたと思います」と言う。まるで窃盗や軽微な傷害犯の反省のような軽さを奇異に感じた。父親と憎みあっていたわけではない。感情が激して刺してしまったとしても、冷静になってみれば激しい後悔の念が押し寄せて来るのではないか。しかし、そうした感情はまったく感じられなかった。

捜査検事には、接見での印象を伝え、検事自身もよく確かめて、精神鑑定をしてほしい旨を伝えた。

そうして実施された簡易鑑定の結果は、統合失調症あるいはその前駆状態で、犯行当時は解離状態に陥り心神耗弱の状態だったというものであった。

鑑定留置のうえ四カ月間をかけて実施された本鑑定の結果も、統合失調症の診断には至らないが、犯行当時は解離状態にあり、心神耗弱の状態だったというものであった。

父が死にたがっていた

心神耗弱は法的な判断だから、裁判所は鑑定医の参考意見には拘束されない。だから犯行時心神耗弱の状況にあったと主張するためにはそのように判断すべき具体的根拠を示さなければならない。実際、鑑定医も何らかの具体的判断に基づいて心神耗弱という結論を導いているはずだ。

鑑定人との連絡はS弁護士にお願いした。S弁護士は二人の鑑定医から詳細な聞取りを行い、自身の理解を深めた。

犯行時A君が解離の状況にあったことはわかった。しかし、その解離が病的なものなのかそうでないのか、極端な話、本人の性格的な歪みに過ぎないのか、そのあたりがひとつのポイントであるように思われた。

接見を重ねても動機の問題がはっきりしないことから、A君に動機を文書にして書き送ってほしいと依頼した。さほど期待をしていなかったのだが、返事は程なくして届いた。A君の手紙には父親を殺害するに至った動機がいくつか書いてあったが、その中に「父が死にたがっていて、自分を利用して死のうとした」というものがあった。もちろんそのような事実はない。他に、父親が自分をコントロールしようとしていた、自分をむりやり結婚させようとしていたという「動機」が記載されていた。

S弁護士はその手紙の写しを鑑定医に送付して意見を求めた。これらは妄想と考えて間違いない、そしてこれらは統合失調症の典型的な症状だ、そうであれば事件当時に統合失調症を発症していた可能性は十分ある、というのが鑑定医の意見だった。

公判前整理手続では、当初、心神耗弱の成否が争点になるかと思われたが、統合失調症が解離に影響を与えたか否かに移っていった。そして鑑定医のカンファレンスを受けた後は、統合失調症が解離に影響を与えたことも争いのない事実と整理された。争点は、統合失調症の影響による心神耗弱を認めたうえでの量刑のみに絞られた。

具体的には統合失調症の影響をどれほど大きく受けていたかが争点となる。優しく穏和な青年が、病魔に冒されて人格が崩壊していく過程で起きた事件だということを証明する必要があった。

友人・知人の申出もあり、嘆願書を提出することにした。定型文に署名をもらうようなものでは意味がない。彼のために書きたいという人に、それぞれの思いを自筆で書いてもらうことにした。もっとも、そうして六〇通近く集まった嘆願書のすべてを法廷で朗読するわけにはいかない。統合報告書の形で提出することにした。

A君の妄想を端的に示す手紙についても統合報告書の形で提出することになった。立証趣旨は犯行時の精神状態ではなく、犯行後に弁護人に宛てた手紙の中に上記のような記載があることとした。時計の針を犯行時に遡らせる作業は鑑定医に対する尋問で行えばいい。

迎えた公判では、母と友人が、穏和で人づき合いのよかったA君がある時を境に人を避けるようになり、時々奇異な行動を見せるようになったことを証言してくれた。

検事は被告人質問で、A君が犯行時に「死んじゃえ」と言ったという供述を引き出した。しかし、再主尋問では「死んじゃえと言ったと思うのは、自分の声がそう聞こえたから」だという答えを引き出すことができた。続く尋問で鑑定医は、その声は妄想だと思うと証言した。

検事は、事件時のA君には正常な判断能力がかなり残っていたとして懲役六年の求刑を行った。これに対してS弁護士は統合失調症による妄想、幻聴に加え、神経が過敏になっていたところに父の叱責が続いたことによって生じた怒りが解離を引き起こしたとして、執行猶予付きの判決を求めた。

「A君を刑務所に入れてはなりません」。

S弁護士の声は凛と響いた。

けれども、S弁護士は不安でならなかった。六年の求刑で執行猶予を得るのは至難と思われたからだ。ほとんど眠れずに迎えた判決期日。言い渡されたのは懲役三年、執行猶予五年の刑だった。A君を弟のように思えると言っていたS弁護士はあふれる涙を抑えることができなかった。

COMMENT

初回の接見で覚えた違和感は忘れられない。父に対する思いはどうあれ、深刻な面持ちで罪と向き合っている若者を想像していた弁護人は、A君のさっぱりとした表情を意外に思った。事件について淡々と語り、今どう思うかという問いに対して「申しわけないことをしたと思います」という軽い答えをすることを奇異に感じたのは本文に触れたとおりだ。それはともに接見に臨んだS弁護士も同じ印象だった。多忙な検察官任せではそこに気がつくかどうかわからない。検事に注意を促し、精神鑑定の必要を伝えたのもそのためだった。

簡易鑑定を担当した医師は、能力も高く、責任感の強い医師だった。統合失調症あるいはその前駆状態との鑑定結果は弁護人の実感とも合うものだった。この鑑定を受けて改めて実施された本鑑定の結果も、本文で述べたとおり、統合失調症の診断には至らないが、犯行時は解離状態にあり、心神耗弱の状態だったというものであった。

しかし、A君が事件当時、統合失調症を発症しており、事件時の解離状態がその影響を大きく受けたものであるというためにはさらに材料が必要であった。そのためには動機の解明が必要だった。A君に手紙に書いて送ってくれと頼んだのもそのためだ。そして、ほどなく返ってきた手紙には、A君がすでに統合失調症を発症していたことをうかがわせる妄想が記載されていた。

A君が父親を刺すときに「死んじゃえ」と言ったかどうかは、A君の殺意の強さを測る意味で重要な事実と思われた。A君は初回接見時から「死んじゃえ」と言って刺したと明言しているが、家族は、A君は絶対にそんなことを言っていなかったと言う。だから、検察官は、被告人質問で「死んじゃえ」と言って刺した旨の供述を引き出したときには尋問が成功したと思ったに違いない。けれどもA君は、続く再主尋問で、そう断言する根拠は、その時彼自身の声が「死んじゃえ」というのをはっきり聞いたからだと供述した。そして、それを聞いていた鑑定医は、A君が聞いた「死んじゃえ」という声はA君の妄想と思われると証言した。

公判では、A君が父親を刺すに至る原因となった解離状態は統合失調症の影響を強く受けたものであるとの主張が受け入れられた。

接見時の違和感を放置しなかったことが結果につながっていったのである。

判決言渡し前々日の犯行

……窃盗事件

他の弁護士の方がいい

三月二二日、S弁護士に依頼の電話があった。夫Aがスリで現行犯逮捕されたのだという。Aが被害者のカバンに手を入れてポーチを取り出したのを警察官が見ていて、その場で取り押さえられたが、Aは「手を入れていない」「取っていない」と争っているとのことだ。さほど珍しくない事件だが、依頼の経緯が変わっていた。

Aは年末に酔余電車の網棚にあった他人の物を誤って持ち去ったことを窃盗の罪に問われ、在宅で起訴された。故意はなかったが早く勾留を解いてもらいたくて罪を認めたのだという。公判が開かれ、三月二〇日に判決言渡し日が指定された。本件はその二日前になされた犯行だった。年末の事件の判決言渡しは予定通りになされ、その内容は懲役一年六月、執行猶予三年の刑だった。妻から新たな事件の相談を受けた国選弁護人は、自分は刑事専門ではないから刑事に長けた他の弁護士を依頼した方がいいと妻に勧めたのだった。

S弁護士は新人のM君と共同で受任することにした。

完全黙秘

Aが否認している以上、最初に獲得すべき目標は不起訴だ。だが警察官は犯行を現認したと言っている。下手な弁解はすべきではない。そもそも何の関心も払っていなかった他人のバッグについて種々述べることができたらかえっておかしい。捜査に対する対応は完全黙秘と決まった。

三月二七日の検事調べでのやり取りはこんな感じだった。


「今まで話した内容と違う所がありますか」

「黙秘します」

「そうなんですね。いろいろ聞きたかったのに」

「電車の中での立ち位置等を図にしたかったのに」

「心の中に問題を抱えてるんじゃないか」

「全部言っちゃいましょうよ。見た人がいるんだから」

「裁判で結果が出るよりも言った方があなたにとっていい」

後の四月三日の取調べでは、

「ホームでカバンの中を覗いていたとなっているがどう思いますか」

「君が車内でカバンに手を入れてポーチを取ったところを見た人がいるがどう思いますか」

「以前、ポーチは見たこともないと言っていましたが、あなたの足元に落ちているのを見た人がいるがどう思いますか」

「被害者の前に座っている人がカバンを指差すので被害者は何か取られたと気づいたようですが、それについてどう思いますか」


というように弁解に困る質問を浴びせられたが、この日も黙秘を貫き、調書を作成することはなかった。

他方で、すでに出ている年末の事件の判決をどうするかが問題になった。このまま確定させた場合、今回の事件で無罪判決が出ればいいが、有罪となれば実刑となり、前刑の執行猶予が取り消され、その刑期も加算されることになる。そこでS弁護士とA君は控訴することにした。

保釈請求

Aは勾留延長の後四月五日に起訴された。これを受けた弁護人は、家族と連絡を取り、保釈支援協会との打合せなどを行った上で四月一一日に保釈請求をしたが、刑訴法八九条三号（常習）および四号（罪証隠滅）を理由に同月一五日付で却下された。これに対しては同月一七日準抗告を行ったが、即日棄却された。

弁護人は同月二三日改めて保釈請求を行った。前回の裁判所の判断を踏まえて保釈後のAの監督についてより強固な環境を整えた旨を丁寧に記載した保釈請求だった。しかし、この請求も同月二六日却下された。

方針転換

第一回公判の直前、Aは犯行を認めた。有罪になれば実刑は免れないと思っての否認だったが、証拠の状況から判断しても否認を通せば無罪になるような事件ではなかった。第一回公判期日では公訴事実を争わない旨の意見を述べた。

これを踏まえて五月八日三度目の保釈請求を行った。今度は五月一四日付で保釈許可決定が下りた。前の二回の却下決定で指摘された「常習性」については一言も触れられることがなかった。認めたとしても「常習性」の問題がネックになるのではないかと心配していたM君はいささか拍子抜けしたようだ。近時裁判所が身体拘束について慎重に対応するようになってきたと言われることがあり、たしかに自分の実感にも合うが、今回のように二度の却下が否認を撤回したことで許可に変わるのを目の当たりにすると、やはり「人質司法」と言われる実態はまだまだ変わっていないことを思い知らされる。

そうなると次は情状だ。できれば被害者との間で示談を取り交したい。検察官から聞いた連絡先に電話をかけたところ、被害者が示談に応じてくれることになり、事務所に来てくれることになった。そこで、M君は示談書の準備をして被害者を待ったが、せっかく来てくれた被害者は、示談書に署名押印してくれることなく帰ってしまった。M君は、示談をしたい旨告げて了解は得たものの、その内容を詳細に伝えていたわけではなかった。被害者は事務所でAの処罰を望まない旨の書面にサインを求められ、騙し討ちだと怒ったのだった。「できれば処罰を求めない旨の書面をいただきたいのだが」とあらかじめ打診しておくべきだったし、そうでないとしても、被害者が来た際に、当然のようにサインを求めるのではなく、もし可能なら、という形で切り出すべきであった。配慮のなさが被害者を怒らせてしまったのだ。

M君は電話で被害者に謝罪する一方、検察官に対しては顛末を報告し、被害者に処罰感情はないものの、書面化には抵抗があると言っている旨を伝えた。

M君の丁重な謝罪の甲斐あって、検察官からの電話録取に応じた。被害者は、Aの家族のことなどを考えて、特段の処分を望まない旨答えてくれた。

情状弁護

前回の裁判でも反省の弁は述べたはずだ。そうして判決を待つ間に犯したのが今回の事件だ。「反省してます。もうしません」の繰り返しですむはずもない。反省の弁を述べるにしても、前回と今回とではどう違うのかをはっきり述べなければいけない。

前回の裁判では家族に相談をしていなかった。Aが裁判を受けていることを知っているのは妻だけだった。Aは多額の借金を負っていた。そして、その返済や生活費を得るためにという口実でギャンブルで浪費をしていた。さらに、路上や電車内で置き引きや窃盗を何度か経験していた。今回はそうしたことを妻や両親、実兄にも話してAの抱える問題を共有してもらうことにした。

そのように自身の問題点を話すことで、家族に一緒に対策を考え、実行してもらうことができるようになったことに加えて、A自身が自分の問題点を改めて自覚する機会にもなったようだ。

兄はAの借金については立替弁済をして整理した。その立替金は、兄が経営する店で働いて給料の中から返すことになった。また、Aは心療内科でギャンブル依存症と窃盗癖が認められるとされたことからクリニックに通い、治療を開始した。

弁論ではこれに加えて、家計を圧迫していた高額な家賃の支払いを免れるため、妻は子を連れて実家に戻り、Aは兄の家に居候して働くことになったことなどを述べて生活の立て直しをする意思が強固であることを説明した。

この事件は私の事務所の神山ゼミでも紹介された。量刑については弁論を聞いた参加者の意見が分かれ、たまたま参加していた木谷明元裁判官は、「僕なら保護観察付執行猶予かな」とのご意見だった。

そうして迎えた判決の言渡しは懲役一年六月、執行猶予四年、保護観察付というもので、まさに木谷先生の読みどおりだった。私選で選んでもらった甲斐のある判決が得られた。

COMMENT

三月二〇日の判決に対して控訴したのは、言うまでもなく判決を確定させないためだ。執行猶予付きとはいえ懲役一年六月の刑が確定してしまえば、刑法二五条一項の定めにより、今回の事件で執行猶予の判決を得ることはできなくなってしまうからだ。

保釈の運用については、かなり改善されたものの、やはり「認めないと出さない」運用が根強く残っていることを感じさせられる。本件では目撃者の供述が最重要の証拠になることが予想されたが、その住所も氏名も知らない被告人が、目撃者に働きかけたりする余地はない。二度にわたり罪証隠滅を不許可の理由にしたのは納得がいかない。

示談に応じてもよいと考えて事務所に来てくれた被害者を怒らせてしまうのは新人にありがちなミスだ。被告人のためにと気が急いてしまうのか、宥恕文言を取ろうと焦る気持ちが態度に出てしまうのだ。被害者としては、「お詫びをしたいというから応じようと思ったのに、許すのが当然のような態度を取るとは何事か」ということになる。他にも、被害者が被告人をぼろくそに言うのに対してにわかに被告人弁護の熱弁を振るい始めるなどして被害者を怒らせることもありがちである。宥恕は、取引の材料に使ったり、まして強要したりするものではない。被害回復を第一に考え、可能であれば宥恕していただきたいという姿勢で臨むことだ。対等なビジネスの取引ではないのだから、宥恕の上申書、あるいは宥恕文言付示談書に署名いただかない限り示談金はお支払できません、などという交渉は、被害感情を一層煽るものであるから、決してしてはならない。

本件は、前件の窃盗事件の判決言渡し直前に犯された罪であるから、通り一遍の情状弁護では執行猶予は得られないだろう。前の裁判では妻限りの話だったのを、今回は実家も交えて総力を挙げて被告人を支える態勢を築いた。そうした抜本的な対策を講じたことが、保護観察付執行猶予という結果につながったのである。

共通妄想

……迷惑防止条例違反事件

聡明な少女

桜丘法律事務所は神山啓史弁護士が在籍するので、神山弁護士の名前をどこからか聞きつけて刑事弁護の依頼をして来る人が時々いる。けれども神山弁護士は一般の飛込みの依頼は一〇〇%お断りしているので、他の弁護士でも構わないと言われたときには担当できる弁護士が受任することにしている。今回の事件もそんな事件だった。

二月のある日、未成年の娘の弁護を依頼する電話が母親からあった。あたふたした喋りようで、なかなか要領を得ない。すると途中で、「私では伝わりにくいと思いますので娘に替わります」と言って娘に替わってしまった。

すると、電話口から娘の声で丁重な挨拶が聞こえてきた。

「初めまして。私は○○と申します。このたびは私どものつまらぬ事件のためにお手を煩わせて申しわけございません。ご相談したい事件というのは私の……」という感じで、成人の依頼者でもこんな言葉遣いをする者は少ない。ちなみに「私」は「ワタクシ」と言っていた。

事件の内容は、中学校のクラスメート二名の本人および家族を中傷する手紙を被害者およびその近隣に配布したというもので、県条例の違反に問われたというものだった。さらに聞くと、「私（ワタクシ）一人の手にはあまるものですから、お恥ずかしいことに母に手伝ってもらいました」とのことだった。手紙の配布をするために母親が車を出したのだという。何とも変な事件だと思ったが、事務所に呼んで詳細を尋ねることにした。

実際会ってみても、おたおたした母親としっかり者の娘という印象はまったく変わらなかった。娘はしばしば母親を遮って説明をした。

二名のクラスメートとその家族に対して中傷する手紙を配布した原因を尋ねると、二名やその家族から侮辱されたり中傷されたことに対する仕返しだとのことだった。

娘は、男子のクラスメートから、「君は巨乳だから売春婦になるといいよ」と言われたという。また、女子のクラスメートはその母親ともども、相談者である娘と家族のことを貶めるような噂を言いふらしているとのことだった。

他方で娘は、男子の母親こそが売春をしているという情報をつかみ、女子の母親は看護師として勤めている病院で死亡事故を起こしたという噂を聞いたので、それを匿名の文書にして近所に配布して、仕返しをしたのだということだった。

母親も大真面目でうなづき、それで私も協力したのです、と述べた。

違和感

あどけなさの残る顔をした少女が、語彙豊富に大人びた話し方をするのはそれ自体何か不思議な感じだったが、それ以上に、地方都市の普通の中学男子が「巨乳だから売春婦になるといい」などと言ったということに違和感を覚えた。少女の体つきはぱっと見る限り「巨乳」などと揶揄される感じではなかったし、何より「売春婦」などという言葉を今時の普通の中学生は使わないだろうと思った。むしろ少女のややもすると大仰で古めかしい語彙の中に落ち着く言葉だという印象を受けた。

女子のクラスメートとその家族が広めたという噂に至っては、あくまで噂に過ぎないうえに、その内容自体が抽象的で、こんなことで「復讐」をされたのではたまったものではない。

実はこの母子は、桜丘法律事務所に依頼する前に別の弁護士に依頼していたが、途中で辞任されてしまったのだということだった。母子は無責任だと言っていたが、おそらく弁護士との意見の食い違いが大きかったのだろう。それなので、母子の言葉をあえて否定することはせず、仮にクラスメートやその家族から侮辱されたり中傷されたりしたとしても、法的手段によらずに、匿名で、近隣の人を巻き込んで怪文書を配布するのは道義的にも法的にも非難されてしかるべきであるからしっかり反省するようにという話をした。特に、母親が娘の犯行に協力するなどはもってのほかで、母親の監護不適を理由に施設による矯正の審判がなされる可能性もあると注意した。

示談交渉

怪文書を撒かれた二家族の被害感情は当然のことながら厳しいものがあった。二家族とも、まったく身に覚えのないことで、数カ月もの間、誰の仕業かもわからず気味の悪い思いをしたと怒っていた。一家族との示談は比較的早く成立させることができたが、もう一つの家族はこの事件でなされた中傷にいたたまれなくなり、転居までしていたから、賠償金の折合いがなかなかつかず、難航した。数次にわたる書面のやり取りのすえ、要求される金額を何とか用意して支払い、示談を成立させることができた。

被害者には苦痛の大きな事件ではあったが、条例違反という比較的軽微な事件であることもあり、示談の成立により、母親は五月に不起訴処分となった。問題は娘の少年審判だった。

精神科医受診

審判までには相当の期間があった。母子にはその間に何を考えなければならないかについての指示などをしていた。調査官の調査に応ずるにあたっては犯行に至った動機や現在の反省の気持ちなどをきちんと述べられるようにとアドバイスした。

そうして調査官の調査を経てしばらくしてから、調査官から連絡があった。簡単な自己紹介の後に調査官が開口一番発した言葉は、「先生は母子が訴えている、自分たちが先に相手からやられたという被害についてどう思われますか？」という質問だった。

「あえて虚偽を述べているとは思いませんが、事実とは思えません。おそらく妄想ではないかと思います」と答えると、調査官も「統合失調症を疑います。一度精神科の受診をした方がいいと思うのですが、私が勧めると裁判所が偏見を持っていると誤解されるかもしれず、困っています」とのことであった。「わかりました。付添人は信頼関係がありますから、私から勧めてみます」と言って母子を精神科受診につなげることにした。

母子には、「思春期特有の精神的な不安定が犯行の一因となっているかもしれないから、一度カウンセリングを受けて来たらよいと思う。できれば母子で受けてきて、その結果を教えてほしい」と伝えた。幸い母子が信頼している精神科医がいるとのことなので、そこに行くことを勧めた。

母子の受診に先立って医師に事情を説明する手紙を書いた。娘が家裁の審判を受けることになっていること、統合失調症が疑われること、そうだとしたら早期の治療とその方針について意見をうかがいたいことなどを伝えた。

医師からは診察の後速やかに意見が届いた。統合失調症の診断基準は満たしていないが、被害の訴えについては妄想の可能性が高いので継続的な治療が必要だとのことだった。また、母子が一体となって共通の妄想を抱くに至っているので、母に対しても同時に治療が必要だとの判断が示されていた。

定期的に通院して、カウンセリングを行っていく。そのためにも不処分となれば主治医として幸いであるという意見を寄せてくれた。

こうした内容は「現況報告書」の形で裁判所に伝えた。

その傍らで娘に対しては内省を深めることを求めた。当初、自身の処分にばかり目が向いていた娘は付添人の指摘を受けて長文の反省文を三通認めた。その内省は、一通ごとに深まって行った。

審判

審判当日、娘は、自分の被害は勘違いだったかもしれないと今は思うと述べ、あらためて反省の弁を述べた。審判官は「あなたの反省文からはしっかり考えてきたことが伝わって来ました」と言って、終始娘を励ます姿勢で臨んでくれた。少年審判の理想のような和やかな期日だった。

審判は不処分で終わった。審判官と調査官に懇切な対応の礼を言ってその場を辞した。

COMMENT

この事件は、母子ともに文字通り「被害妄想」に陥って、これに反撃を加えるべく中傷ビラを配布したという事件だった。本人たちは被害に遭ったと認識しているので、指導や援助が難しい。なので、最初から妄想を否定せず、仮にそういう事実があったとしても、反撃の仕方が間違っているし、親が加担するなどはもってのほかだという接し方をした。

とはいえ、いつまでも「こっちも被害を受けた」という気持ちで審判に臨むのは避けたい。調査官から連絡があったのはそのように考えていた矢先のことだった。調査官の意向を受け、慎重に言葉を選びつつ、母子で精神科を受診するように勧めた。気を使ったのは医師への連絡だった。受診に至る事情を正しく認識してもらったうえで、少年に有利に働くような意見書を書いてもらう必要があった。あらかじめ電話で事情を伝えたうえで、さらに手紙で詳細を伝えた。そうしたところ、医師からも丁寧かつ協力的な回答を得ることができた。

少年には、自身の問題ときちんと向き合うよう指導・助言した。最初の反省文は饒舌ながら内容に乏しいものだったが、指摘を受け入れ、何冊かの本を読むなどした結果、裁判官からも評価されるような反省文を書き上げることができた。

少年法二二条一項は、「審判は、懇切を旨として、和やかに行うとともに、非行のある少年に対し自己の非行について内省を促すものとしなければならない」と定める。審判の日に迎えた期日は、この条文を体現するような期日だった。

夢の共同受任

……殺人未遂事件

共同受任

桜丘法律事務所は神山啓史弁護士が在籍するので、所属する弁護士は神山弁護士とともに弁護活動をすることが少なくないと思われている人も多いが、実は神山弁護士と共同で事件を受任したことのある弁護士はほとんどいない。かく言う私も新人時代に共通の友人に誘われて加わった殺人事件の弁護団――これが神山弁護士との出会いであった――と、登録数年で先輩弁護士に誘われて加わった殺人事件の弁護団で、それぞれ団員の一人として活動したことがあるだけで、二三年前に桜丘法律事務所を設立してから今日に至るまで共同で事件を扱ったことは一度もない。他の弁護士も同様であった。例外は、一度だけ迎えた他職経験の若手裁判官が裁判員裁判をともに受任する幸運を得ただけであった。

ところが後に述べる事情から、Ｉ弁護士は桜丘法律事務所で養成を受けた弁護士の中で唯一神山弁護士と共同で事件を扱う弁護士になった。

殺人未遂

Ｉ弁護士がＱ弁護士とともに国選で受任した事件は殺人未遂事件だった。

ある日の午前一〇時二〇分頃、自宅であおむけに寝ていたＶさんは、実兄のＡさんに立て続けに二度右胸部を刺された。凶器の文化包丁が三度目に振り下ろされる前に目を覚ましたＶさんは必死に抵抗し、Ａさんを突き飛ばして倒し、包丁を取り上げて、最後にはその包丁でＡさんの背中を突くなどして反撃してこれを撃退しつつ外に逃げ出した。Ｖさんは午前一〇時五〇分頃携帯電話で「兄に胸を包丁で刺された」などと一一〇番通報した。Ａさんは、洗面台で手を洗ってから上着を着てＶさん宅を後にしたが、交番付近を通りかかったとき交番相談員に呼び止められた。そして、臨場した警察官に「何をしたのか」と尋ねられて「恨みがあって弟を刺した」と述べたことから、殺人未遂の現行犯人として逮捕された。

他方、病院へ緊急搬送されたＶさんは、幸いというべきか、右胸部刺創、右肺挫傷、右気胸等の傷害を負ったものの、加療三週間を要する程度で済み、命を落としたり、重い後遺症を残すこともなかった。

検察官が犯行の動機として主張する事実は奇異な感じがするものだった。数カ月前に勤務先を退職して無職になったAさんは自殺しようとしたが、Vさんに説得され思い止まり、以後Vさん宅に身を寄せた。そして、そのまま引きこもり状態になったが、そもそもかねてよりVさんに対して恨みを抱いていたことに加え、同居中のVさんの言動からその恨みが増して、Vさんの殺害を考えるようになったというのがその内容だ。

公判前整理

I弁護士とQ弁護士の二人の弁護団は起訴後速やかに証拠一覧表の交付請求を行った。その結果、証拠の一覧表の交付と任意開示は、検察官の証拠請求と同時になされた。検察官の請求証拠と未開示の証拠を即座に対照できることは的確な弁護活動を行ううえで極めて重要である。

公判前整理手続の中で争点は二点に絞られた。一点目は殺意が確定的なものであったか否か。二点目は被告人の精神障害が犯行に与えた影響の有無および程度であった。

起訴前鑑定に当たった医師によれば、本件犯行当時の被告人は、シゾイドパーソナリティー障害および抑うつ気分を伴う適応障害とされ、犯行はこの精神障害の影響を受けていたとのことであった。

弁護団は、精神障害が犯行に与えた影響の程度に関して責任能力まで問題にすべきかどうか議論した末、心神耗弱の主張も行うこととしたが、この論点は、むしろそれ以上に殺意や情状面で考慮されることを期待しての設定であった。

更生支援計画

精神障害の影響を強く受けて犯行に及んだのなら何らかの治療が必要である。Aさんの社会復帰の見通しをつけることはAさんの更生につながるし、裁判においても有力な情状になる。そこで、I弁護士は所属する第二東京弁護士会の「障がい刑事相談依頼」の制度を利用して、Aさんの社会復帰についての調整と就労の支援等について援助を受けることにした。

I弁護士は東京拘置所に対して特別面会依頼書を送り、弁護士会から紹介された精神保健福祉士とAさんの面会の機会を設けた。精神保健福祉士はおよそ二カ月半にわたり、週に一度のペースで毎回一時間程度の面会を計九回も実施し、Aさんから生い立ちを含めて詳しく事情を聴き取ったうえで、逐一弁護人に報告するとともに、福祉関係者と連絡を取り、Aさんの更生支援計画を立ててくれた。

神山弁護士登板

弁護団は裁判所との打合せ期日を重ねながら公判の準備を着々と進めていたが、かねて体調の不良をおして弁護活動をしていたQ弁護士は、公判の期日を二カ月後に控えて、ついに国選解任を申し出ることになった。しかしながら、何カ月もかけて進めてきた裁判員裁判事件の二人目の弁護人には誰でもなれるわけではない。そこで、I弁護士から相談を受けた神山弁護士が二人目の弁護人を引き受けることになった。無期または死刑の求刑が予想される殺人がらみの事件の否認事件でなければ受任しない神山弁護士が、否認でない殺人未遂事件で、所内の弁護士と共同受任で弁護に当たるようになったいきさつは以上のような偶然によるものであった。

神山弁護士が加わってからの公判前整理手続は、神山弁護士が議論をリードした。裁判所任せにして裁判所から宿題が出されるのを待っていてはいけないというのが神山弁護士の考えだ。検察官が作成する統合捜査報告書についても、原証拠の取捨選択なども含めて積極的に助言して、議論を整理した。弁護人が提出する証拠の整理についても同様である。検察官請求証拠なども利用してI弁護士作成名義の報告書を作成するなどして準備した。もちろんAさんの更生関係の証拠も請求した。

量刑が問題になる事件であるから、量刑グラフをどのように利用するかもよく考え抜かなければならない。どこまで一般化するか、特殊な要因をどうとらえるかなど、検討すべき要素は少なくない。検索の仕方によっては恣意的で不適切なものになってしまう危険もある。

弁護人は、本件では、刃物を用いた殺人未遂、単独犯、他に犯罪も前科もないグラフを基本に、配偶者や親子を除いた「その他親族」間の事件であるという特徴を加味したグラフを用いることとし、事前に検察官および裁判所の了解を得た。これに対して、検察官が使用したいと言って来た量刑グラフは基本とするデータは同一であるが、動機を「怨恨」とする反面、「その他親族」の限定をしないものであった。精神障害の影響を強く受けて犯した行為の動機を「怨恨」と括るのも乱暴であるし、親族間の事件と赤の他人に対する事件とを一緒くたにしてしまうのもいかがなものかと思われたが、そこは裁判官、裁判員に判断を委ねるしかない。

公判

そうして迎えた公判期日、神山弁護士は警察官および被害者に対する尋問と被告人質問を担当した。Ｉ弁護士は主任として冒頭陳述および弁論を担当したほか、起訴前鑑定医に対する尋問と、精神保健福祉士および被告人の母親の尋問を担当した。

Ａの犯行時の精神状態を客観的に語る鑑定医はともかくとして、他のいずれの証人も、被害者であるＶまでも、兄であるＡの更正を支援する内容の証言をしてくれた。とくに、更生支援計画を策定してくれた精神保健福祉士は、検察官の厳しい反対尋問に対しても毅然とした態度で更生の可能性とその根拠について正しく示してくれた。

審理を終えて、検察官の求刑は懲役七年、弁護人の意見は執行猶予が相当であった。

言い渡された判決は懲役三年、執行猶予五年。神山弁護士の強力な支援とＩ弁護士の努力が実った裁判だった。

COMMENT

神山啓史弁護士と一緒に桜丘法律事務所を設立したのは一九九八（平成一〇）年一月のことだ。桜丘法律事務所を設立した目的は、新人弁護士を養成して弁護士過疎地域（地裁支部がありながら常駐する弁護士がいない、いわゆる「ゼロワン」地域）に弁護士を送ることだった。とくに、当時悲願と言われた被疑者国選制度を実現するためには、そこに弁護士がいることが必要だった。弁護士過疎が解消されない限り弁護士会は被疑者国選に対応できないだろうというのが、国が被疑者国選を実現しない理由のひとつにされていたからだ。

そうすると、送り出す弁護士は、新人といえども水準以上の刑事弁護の力量が求められる。そこで、旧知の神山弁護士に事務所設立の趣旨を話してインストラクターとしての協力をお願いしたところ、本気なら手伝うと快諾してくれたのだった。

せっかく神山弁護士に参加してもらったのだから、自分の事務所の新人教育だけをしてもらうのはもったいない。かねてより、組織的な教育を行う裁判官や検察官に比べて、若手が刑事弁護を学ぶ機会や場が少ないと考えていたので、神山弁護士が新人の手持ちの刑事事件を題材に検討する勉強会を「神山ゼミ」と称して月に一度修習生や若手弁護士に公開することにした。そうして設立以来毎月開かれる神山ゼミは、多くの新人、若手を育ててきた。

神山弁護士はまた、事務所内では日常的に、新人若手の刑事事件の進捗状況を確認し、的確な、時に厳しいアドバイスもして種々の指導をしている。

これだけしてもらっているが、事件の共同受任ということはこれまでなかった。「夢の共同受任」と題して本件を紹介したゆえんである。

任意取調べ中の面会妨害と闘う

……業務上横領事件

電話

二〇一九（令和元）年一一月二七日、事務所に出勤すると事務局からのメッセージがあった。刑事弁護を依頼したいという相談者から電話があって、これから任意で検察庁に出頭するのだが、弁護を依頼したいという内容だった。あいにくこの日はすべての弁護士の予定が塞がっており、すぐに対応できる者がいない。私はと言えば、さいたま家裁の午後の期日を終えれば何とか検察庁に向かうことができる状態だった。それより早く動ける者がいたら動いてほしいが、誰も行けないようだったら自分が行くと事務局に告げた。秘書から告げられた電話番号にかけると妻が出た。事情を知っている妻も弁護を依頼したいとのことだった。

さいたま家裁の期日を終えると急ぎ東京地検に向かった。

調べ中だから会わせられない

東京地検に着いたのは午後三時過ぎだった。東京地検の警備は厳重だから、直接検察官を訪ねることはできない。受付で用向きを告げると直接特捜部に連絡を取られたいとのことだった。指示に従い電話をすると、少し待つように言われた。

少しすると担当検事から電話があった。三時一〇分頃のことであった。検事は開口一番「調べ中だから会わせられない。遅くならないから待ってほしい」と言いだした。本来速やかに会わせるべきだろうと思ったが、多少であれば待ってもよいと考え、「何分待てばいいのか」と尋ねると、「何分とは言えない」とのことであった。

一〇～二〇分程度なら予測がつくはずだ。それを何分かかるかわからぬというのでは待ってはいられない。そこで、本人に取り次ぐよう求めたが、これに対する検事の答えは「任意の取調べなので取り次ぐ義務はない」というものだった。

しばしば問題になるのは逮捕直後の接見妨害だ。任意捜査段階で被疑者との面会を妨害されたことが問題となったことはない。しかし、それはいくら何でもそんな妨害をする捜査官はいないからだ。私は改めて、被疑者本人から事務所に電話があったこと、折り返して、事情を知る妻から直接依頼を受けたことなどを話し、強制捜査の場合ですら取り次ぎがなければならないのに、任意だから取り次ぎがないというのは本末転倒、弁護権の侵害であると抗議した。

そうしたところ、検事はちょっと待ってくれと言って電話を切った。この電話が終わったのは三時三〇分頃のことであった。

確認の時間がほしい

次の電話は三時四〇分頃かかってきた。妻からの依頼だというが、ほかにも同じような弁護士が来ているので確認を取りたいから少し時間がほしいとのことだったので了解し、待つことにした。少しと言えばせいぜい一〇分くらいを想像するが、いくら待っても連絡はなかった。

四時一〇分。依頼の確認などさしたる時間がかかるはずもないのに三〇分待っても連絡がないので、改めて検事に電話をしたところ、いまだ確認中だということだった。どんな確認をしているのか問うたところ、「弁護人が伝えた依頼者の電話番号が、検察庁の把握している電話番号と異なるから……」などと言いだした。検察庁は二日前に家人の携帯電話も差し押さえている。現に使用されている携帯電話の番号と差し押さえた携帯電話の番号を照合しても一致するわけなどない。時間稼ぎの言いわけだとしてもあまりにひどい言い草だ。

弁護人は、家人からの弁護依頼の確認にそんなことをする必要はないはずである旨伝え、改めて、最も大切なのは被疑者本人の意思であるからそれを確認されたい旨伝えたが、検事は「任意の取調べなので伝える義務はない」の一点張りで譲らず、平行線のままであった。この電話のやりとりはおよそ一〇分間続いた。「任意の取調べであれば弁護人の来訪を伝える義務はない」などというふざけた言い草を放置するわけにはいかないが、どんなに理不尽な理屈をつけても会わせないことはわかったので、「あなたと話してもらちがあかない。そんな言い草が通るかどうかは司法の場で明らかにさせましょう」と言って電話を切った。

国賠訴訟

四時五六分頃、検事から、取調べが終了した旨の電話があった。数分して被疑者がロビーに現れ、弁護人は初めて被疑者に会うことができた。被疑者に確認したところ、弁護人の来訪を告げられたことはなく、取調べの最後に検察官面前調書に署名捺印させられたとのことであった。検事は、取調べの時間を稼いで、調書を作成し、なおかつ署名捺印までさせていたのだ。

最判平一二・六・一三は、弁護士を選任することができる者の依頼により弁護人となろうとする者から被疑者の逮捕直後に初回の接見の申出を受けた捜査機関が接見の日時を翌日に指定した事案についてこれを違法とし、その理由の冒頭で「検察官、検察事務官又は司法警察職員は、弁護人又は弁護人を選任することができる者の依頼により弁護人となろうとする者から被疑者との接見又は書類若しくは物の授受の申出があったときは、原則としていつでも接見等の機会を与えなければならない」と述べている。

逮捕されている者でさえ「何時でも接見等の機会を与えなければならない」とされているのだから、任意出頭している者であればより一層、弁護人の援助を受ける自由が保障されるべきであろう。

弁護人に就任するべく来訪した弁護士の来訪を告げずに取調べを続けることは刑訴法三〇条一項に定める弁護人選任権の侵害であり、かつ刑訴法三九条一項に定める接見交通権の侵害というべきである。

ちなみに刑訴法三九条は身体拘束を受けている被疑者被告人に関する規定だが、被疑者として取調べを受けているにもかかわらず弁護人となろうとする弁護士の来訪も告げられない状態は、「身体の拘束を受けている」に等しい状態だから、同条が直接に適用されてしかるべきだ。仮に同条が逮捕勾留された者のみに適用される規定であるとしたら、それは、身体拘束されていない者はいつでも自由に弁護人を選任できることが、法が逮捕勾留された者についてのみ言及する根拠なのであるから、刑訴法三九条の勿論解釈として、逮捕勾留されていない被疑者に対しては、捜査官は、当然に弁護人となろうとする者の来訪を告げるべき義務がある。

それにもかかわらず、二時間近くの長時間にわたり被疑者と弁護士との面会を妨害し、しかもその間に調書の作成まで行わせたことは、上記刑訴法の各条項に反するのみならず、適正手続を保障する憲法三一条にも反する行為だというべきだ。

以上のように考えて、同年一二月二六日、弁護人が原告となって東京地裁に国賠訴訟を提起した。

原告が被った損害は、検察官の妨害により、速やかな面会を果たせず、被疑者に対しなすべき助言を行うことができず、弁護人として十全な職責をはたせなかったことによる精神的苦痛だ。これを理由に二〇〇万円の支払いを求めた。

答弁

国の答弁書は二〇二〇（令和二）年二月一四日に届いた。そこにはゴチックで「任意取調べ中の被疑者に対する弁護人となろうとする者の面会権が現行法上認められているとは言い難いこと」と明記されていた。その理由は「任意取調べ中の被疑者は身柄の拘束を受けていないから、いつでも取調べを拒否して退出することにより弁護人の援助を受けるための手段を自らとることができるから、弁護人に面会権を認める必要もなく、かかる権利は現行法上認められているとはいえない」というものだった。しかし、人の行動を決するのは情報である。いまだ弁護人がついていない段階で、弁護人になろうとする者の来訪を告げられたとき、会って話を聞きたいと思わない被疑者はいないだろう。あえて情報を断つことは、被疑者の判断を誤らせ、選択の自由を奪うことにほかならない。検事の、そして国の、人権を軽視する姿勢は決して容認できるものではない。

絶対に負けられない裁判である。

COMMENT

接見交通は弁護のかなめだ。かつて日本弁護士連合会が挙げて当番弁護士制度を実施し、被疑者国選制度を実現させたのも、被疑者段階の、それも早期に、弁護士が被疑者に対して適切な援助をすることが極めて重要であることを、幾多の冤罪の経験から嫌というほど知らされているからである。

刑事訴訟法に明記されていて、弁護人の固有権の最も重要なもののひとつ（最判昭五三・七・一〇）とまで言われているにもかかわらず、接見交通権の実質は、弁護士たちの日々の努力の末獲得されてきた。三〇期台の弁護士であれば、接見禁止付きの被疑者との接見に際しては、わざわざ検察庁に出向いて接見指定書の交付を受けなければ接見できなかったことを覚えているはずである。それを、後に普及したＦＡＸで済むようにさせ、さらにはそれすらも不要にさせていった。取調べ中であることを理由に長時間接見させないことが違法であると国賠訴訟を起こしてそうした実務も変えていった。いずれも被疑者の人権保障のために妥協せずに闘った先達が築いてきたものである。

それだけに、被疑者に会わせない。しかもその理由が、身体拘束をしていないからだとぬけぬけと言う検察を放置するわけにはいかない。それも、駆け出しの新米検事が酒席で妄言を吐いているのではなく、東京地検のしかるべき立場の検事が素面で言っているのであれば、絶対に捨て置くわけには行かない。

この国賠訴訟では、国は事実関係についてはおおむね認め、「身体拘束を受けていない被疑者に弁護士の来訪を告げる義務はない」と堂々と主張してきたので、後は法的評価の問題だけである。コロナ禍で口頭弁論期日の間隔が長引いてしまったが、早期終結をされたい旨の上申書を提出し、第二回口頭弁論でも結審を求めた。その甲斐あってか第二回期日をもって弁論は終結し、第三回期日は判決言渡しとなった。

結果はもちろん原告勝訴。裁判所は国に対して一〇万円の支払いを命じた。

被害者意見陳述

……過失運転致死・道路交通法違反事件

国選受任

二〇二〇（令和二）年のゴールデンウィークは何とも不思議なゴールデンウィークだった。新型コロナウィルスの流行で、外出の自粛が呼びかけられ、四月以降、ほとんどの学校は休校、企業も在宅ワークを推進するなどしており、就業、就労の感覚が例年とはまったく異なっていた。民事の期日がすべて取消しになり、裁判員裁判の期日も入らない状況で、弁護士の日常も、なんとなく休日出勤をしているような感覚だった。だから、平日と休日の境界も曖昧で、迎えたゴールデンウィークも、どこか遠出できるわけでもなく、さしたる感慨もなく過ぎていった。

そんな、パッとしないゴールデンウィークが過ぎた直後の五月一〇日の日曜日午後三時過ぎ、被疑者国選の電話が鳴った。

罪名は過失運転致死および道路交通法違反。信号を無視して時速七七キロの速度で交差点に突っ込み、青信号に従って横断歩道上を自転車で通行していた一二歳の少年をはねて死亡させたにもかかわらず、救護の義務をはたさず、警察官に報告もせず、その場を立ち去ったひき逃げ事件だ。

人の命に本来軽重はないはずだけれど、これからさまざまな経験をしたはずの人生を一二歳の若さで終えることになってしまった少年のことを思うとやるせない気持になる。

接見

交通事故ということもあり、現場を車で走ってみたかった。幸い現場は勾留場所の警察署からそう離れていない。それなので車で接見に赴いた。

東京都のほぼ東端に位置するその警察署に着いたのは五時半を少し回った頃だ。

接見室に入ってきたのは小柄で気弱そうな初老の男性だった。座ってからも申しわけなさそうにもじもじしている。

一番気になっていた点から尋ねる。対面信号は何色だったのか。これに対しては、気づかなかったが、目撃者が赤だったと言っているそうだから多分赤だったのだと思うという答えだ。信号をはっきり認識していなかったのだという。見落としだとしたら理由があるはずだ。スマホをいじっていなかったか、よそ見をしていなかったか、落とし物を拾おうとしていなかったか等々尋ねたが、そのようなことはしていないとのことだ。飲酒、薬物、睡眠不足などの影響もないという。視力も正常で、一時的に見当識を失うような病歴もないという。原因は不明だが、とにかく信号に気づかなかったことはたしかだ。

それではひき逃げの点はどうか。衝突の直前に被害者の自転車に気づいたというのだから、人をはねた認識はあるはずだ。これについては怖くて停まれなかったのだという。「大変なことをしてしまった。どうしよう」と思い、信頼する知人に電話して、まっすぐ知人の家に向かったのだ。だから、逃亡してしらを切りとおそうというわけではなかった。

余談になるが、現場から逃げたい心理はとてもよくわかる。私は駆け出しの弁護士のころ、友人の引越しを手伝って四トン車を運転したときに、車幅感覚を誤って、左に張り出したミラーを停車中のトラックにぶつけてしまったことがあるのだが、その時に停まらなければならないと思うのになかなか停まれなかった経験があるからだ。その時は大声で「馬鹿、停まれ、このまま行ったら大変なことになるぞ」と自分を怒鳴りつけて、二〇〇メートルほど行き過ぎたところで停まって現場に戻ったのだった。軽微な接触事故でも停まるのに難儀した経験から、ひき逃げ犯の逃げる心理が少しわかるようになった。

現場

口数の少ない被疑者との接見は一時間もかからなかった。警察署から現場までは一キロもない道のりだ。暗くなる前に現場に着いた。被疑者の進行方向から見ると、片側二車線に右折車線が加わるその交差点は、周囲に中高層の建物がないことと相まって、だだっ広い印象を与える交差点だった。現場までの手前約四〇〇メートルは直線で、信号はよく見えた。二、三度通ってみたが、交差点に問題があるようには見えなかった。後日時間帯をずらして何度か走ってみたが、やはり被疑者が信号を見落とす事情は発見できなかった。

現場に行けないときはグーグルマップとにらめっこした。これを使うと居ながらにして現場写真を見ることができるから、極めて便利だ。そうして少しずつカーソルを動かしていると、ある地点からの写真では真正面の信号の色が識別できないことに気づいた。その撮影日は二〇二〇年二月となっていた。事件のわずか三カ月前だ。もしかしたら信号機の不調ではないのか。この不調が電球の玉切れのようなものだったらすぐに気づくかもしれないが、接触などの問題で時折数秒消えるような不調だったら気づかれぬまま放置される可能性があるのではないか。

早速検事に電話して、事情を話して、この信号機の修理の履歴がないか、公安委員会に問い合わせしてほしい旨要請した。

数日を経ずして検事から電話があった。現場の信号機に関しては故障や修理の履歴はないとのことであった。しかし、実際にグーグルマップの写真では信号が点灯していないものがあるのだが、と食い下がると、「あそこの信号はＬＥＤなのです。ＬＥＤは私たちの目には常時点灯しているように見えますが、実は高速で点滅しているのです」とのことであった。

なるほど、そうであればシャッターチャンスによっては点灯していない写真が撮影されるはずだ。

グーグルマップの発見からの期待は見事に裏切られた。

釈放

コロナ禍の影響で、五月二八日に起訴された本件の第一回公判期日が開かれたのは八月六日だった。残念ながらさしたる証拠は提出できず、提出できたのは被害者に対する謝罪の手紙と任意保険の証書程度だった。手紙はほとんど平仮名のみで「しんごうきをみよとしたせいで……若い子のいのちおうばってしまいどうもすいませんでした……」というもので、事故以来長く書けずにいたのは、漢字を知らず、手紙など書いたこともないことから、なかなか書けないでいたのだということは被告人質問で明らかにした。

被害者参加人の希望もあり、第二回公判期日は九月三日と指定された。ところで刑訴法六〇条二項によれば、被告人の勾留期間は公訴提起から二カ月とされている。継続の必要があるときは一カ月ごとに更新できるが、更新は刑訴法八九条一、三、四、六号のいずれかに当たる場合を除いて一回に限る。ところが、本件被告人の勾留理由は逃亡を疑うに足りる相当な理由があるというもので、上記の各号には当たらないものだった。八月二七日には定められた勾留期間が満了し、勾留は失効することになる。

被告人が頼りにしている友人に頼み込んで、住居の世話と出頭の確保を約束してもらい、釈放の日を迎えた。

勾留期間満了のその日、検察官は勾留取消を求め、裁判所は勾留取消決定をした。

被告人はその足で友人とともに事故現場に向かい、その場に花を手向けた。

被害者意見陳述

第二回公判では被害者の姉が意見陳述を行った。裁判所からは遮蔽の措置を打診され、異議がない旨回答していたが、姉自身がその必要はないと断ったようだ。中学三年か高校一年生くらいと見受けられる姉の意見陳述は、大切な弟を失ったことにより家庭の雰囲気が一変し、家族が今なお辛い思いを引きずっているということを丁寧に訴えかけ、その思いに比べて被告人の反省が十分でないことを批判するものだった。被害者付添人のM弁護士の助言なども大きかったのだろう。被告人に対して憎悪や嫌悪、あるいは敵意をむき出しにするのでなく、家族の悲しみを自分の言葉で誠実に訴えるその内容は、聞く者の胸を打った。

再度の被告人質問の許しを得て、被害者陳述を聞いての反省の弁を述べてもらった。

求刑は懲役五年、言渡しは三年の実刑判決だった。

COMMENT

ひき逃げ事件の被疑者・被告人に逃げた理由を尋ねると、ほとんどの者が「恐かったから……」と答える。これが調書になると大抵の場合、「捕まるのが恐かった」と書かれてしまう。これでは利己的で身勝手だとの非難は免れようがない。しかし実際には、「大変なことになった。どうしよう、どうしよう……」という焦りと困惑が「恐かった」ことの正体であることがほとんどである。「どうしよう……」と思っているうちに、車は何キロメートルも走ってしまうのだ。だから、ひき逃げ事件ではこの点を理解してもらうことが大事だと思っている。

本件では、それとは別に被害者の意見陳述に感心した。怒りや悲しみは、抑えた表現によりその深さを一層確かに伝えられるものだということを改めて実感した。

第二部

座談会「桜丘だより」の弁護士たち

桜丘法律事務所での養成時代

座談会

「桜丘だより」の弁護士たち

桜丘法律事務所での養成時代

一九九八年に桜丘法律事務所を設立して以来、二〇人以上の弁護士が養成を受け、そして、巣立っていった。養成を受け、現在、地方で活躍する弁護士二名が、恩師である櫻井光政と神山啓史とともに、桜丘法律事務所での養成時代を振り返る。

櫻井光政（さくらい・みつまさ）……一九八二年弁護士登録、第二東京弁護士会所属
神山啓史（かみやま・ひろし）……一九八三年弁護士登録、第二東京弁護士会所属
金澤万里子（かなざわ・まりこ）……二〇〇四年弁護士登録、長崎県弁護士会所属
鈴木彩葉（すずき・あやは）……二〇一五年弁護士登録、栃木県弁護士会所属

司法を変える

神山 金澤さんは、どういう経緯で桜丘法律事務所に入所したいと考えたの？

金澤 私が修習生の時代は、パブリック系の法律事務所がとても人気でした。いろいろなパブリック系事務所の採用面接を受けるなかで、桜丘法律事務所の説明会に行かせていただいて、面接をして、キャラ採用で通ったっていうところですね。

櫻井 「これでもう面接は終わりですが、金澤さんから何か質問がありますか」って聞いたんですよ。すると、金澤さんは、「質問はありませんが、言いたいことがあります」「養成が終わって私が地方に行った暁には、『桜丘はすごい弁護士を送ってきた』と必ず言わせてみせます」って言い切ったんですよ。啖呵の切り方がかっこよかったですね。

神山 金澤さんが弁護士過疎地に行って頑張ろうという志を持ったきっかけは何だったの？

金澤 私は、初めから地方に行きたいとはまったく思っていませんでした。パブリック系事務所の説明会を聞きにいく過程で、地方に目が向くようになりました。櫻井先生の「いい弁護人が地方にいれば、そこの検察官も裁判官も含めて、それに対応する形で地方の刑事弁護のレベルが上がる」という話を聞いたのが決定打でしたね。良い弁護士になって地方の刑事弁護のレベルを上げたいと強く思いました。

神山 法テラス対馬に赴任してみて、その思いは今はどうですか？

金澤 四年前に対馬に行って、一件目の刑事事件から被告人質問先行は貫いてきました。被告人質問先行は、公判中心主義・直接主義という基本理念の実現のためや、量刑事情を適切に顕出するために行うと言われていますが、それに加え、私自身は、どういう経緯で犯罪を行ったのか、どういう行動をとったのか、そのときなにを感じて、なにを思ったのか、それを被告人がきちんと自分の言葉で語ることが大切。捜査機関が作った供述調書を、要旨の告知という形で取り調べても、被告人にとってはなんの感銘力もない公判になる。被告人が、きちんと自分の言葉で語ってこそ、それが更生の第一歩になると思っています。だからこそ、何の争いもない認め事件でこそ、供述調書には同意せず、被告人質問先行を貫いています。もちろん、事案の性質によって考えて

金澤万里子（かなざわ・まりこ）

東京都出身。女子学院中学校・高等学校卒業。一橋大学法学部、同法科大学院卒業。第67期司法修習生として司法研修所入所。2014年弁護士登録、桜丘法律事務所入所。桜丘法律事務所での2年間の勤務を経て、2016年長崎県の離島対馬に赴任。現在、法テラス対馬法律事務所勤務。

行っていますが。

それと、「公判の前には検察官には必ず会いに行け」という神山先生の教えが念頭にあったので、検事に事前に打合せをお願いしました。最初は難色を示されていましたが、なんで私が被告人質問を先行したいのかということを時間をかけてお話すると、「じゃあいいでしょう」という話になりました。裁判所もすぐに認めてくれましたね。対馬厳原支部は今、被告人質問先行が主流になっていると私は思っています。

神山 桜丘法律事務所で鍛えられた人が地方に行って、その地方の刑事弁護、刑事裁判を活性化するというモデルのひとつを見るようで嬉しいですね。

櫻井 実務を変えているということがヒシヒシと感じられて、頼もしいですね。すべての事件で被告人質問を先行するのは、やってみると難しい。僕らみたいなベテランでもなかなかできません。新しい教育を受けた若い人たちが、それを変えていくということが本当に頼もしいね。あと、それは僕らが望んでいたことなんだよね。「古い人たちはなかなか変わらな

櫻井光政(さくらい・みつまさ)

東京都出身。中央大学法学部卒業。1982年弁護士登録。1998年、盟友神山啓史と桜丘法律事務所開設。2003年大田区教育委員、2004年大宮法科大学院大学教授、2009年第二東京弁護士会副会長などを歴任しつつ若手弁護士の養成に努める。『季刊刑事弁護』の「桜丘だより」の連載は20年を超える。

い。新しい人たちをしっかり育てて、その人たちが実務を変えていってほしい」という我々の思いを実現してくれているなと思いましたね。

神山 鈴木さんはこの事務所に入ろうと思ったのはどうして？

鈴木 大学生のときに漠然と弁護士になりたいと思っていました。本や雑誌、インターネットでいろいろな活動をしている弁護士を調べる中で、一番かっこいいと思ったのが松本三加先生でした。弁護士の需要がないと言いわれていた北海道の紋別に、当時二〇代の松本先生が一人で行った途端、電話が鳴りやまない。必要とされている所に行き、その地域のために働く松本先生の姿に感銘を受けました。それで、松本先生が育った桜丘法律事務所を調べたところ、櫻井先生が若手を育てて地方に送り出すということをされているっていう。日弁連のひまわり基金や法テラスの設立に先駆けてそのような養成システムを提唱し、自身の事務所でいち早く実践されている櫻井先生の存在を知り、「なんてすごいんだ！」と思って、櫻井先生に会いたいと思うようになりまし

鈴木彩葉（すずき・あやは）

2015年12月弁護士登録。68期。桜丘法律事務所で養成後、2017年12月より法テラス栃木法律事務所に赴任し、法テラス栃木の4代目の常勤弁護士となる。栃木県内唯一のスタッフ弁護士として、民事法律扶助事件、国選事件を中心に取り組む。高齢者・障害者・生活困窮者の法的支援（司法ソーシャルワーク活動）に特に力をいれている。

た。桜丘法律事務所に直接電話して、「憧れの松本先生が育った事務所のボスとお話をさせてください」とお願いしました。快くお受けいただけて、いろいろお話を聞く中で、弁護士過疎地といいますか、求められている所に行くという弁護士に対する興味を強くしました。

神山 憧れた松本さんを育てた櫻井弁護士に会ったとき、どうでした？

鈴木 緊張しました。いろいろ質問を用意していましたが、緊張しちゃって、質問を飛ばしてしまいました。

櫻井 一人で来たんだよね。僕は一人で会ったんだけど、真面目でおとなしそうな学生が関心を持ってくれたんだなと思いました。

神山 鈴木さんのように、憧れの人を目指しながら頑張ってきて、憧れの人が歩いた道を後輩としても歩いたことになる。こういう活動をする人がどんどん後進として出てくれたらという我々の思いが実証されてきている。

櫻井 弁護士業界を、司法を変えていくためには、力を持った人が増えなければならないと思うわけです。英雄一人が頑張った後で誰も後を継げないということではダメなんですよ。そのためには、松本

神山啓史（かみやま・ひろし）

1955年生まれ。中央大学法学部卒業。35期。1983年弁護士登録。2014〜2018年司法研修所教官。主な著作に、『新版　刑事弁護』（共著、現代人文社、2009年）、『刑事弁護の基礎知識』（共著、有斐閣、2015年）、『刑事上訴審における弁護活動』（共著者、成文堂、2016年）等がある。

さんみたいに「かっこいい」「あんなふうになりたい」という弁護士が出てこないといけない。そういった〝かっこいい〟モデルがあって、次の世代に引き継がれていかないと、裾野は広がらないですよね。

それぞれの持ち味を活かす

神山 桜丘法律事務所に入ってから彼女たちは鍛えられていくわけだけど、櫻井さんには育成プランはあったの？

櫻井 金澤さんは、面接で啖呵を切ったくらい威勢がいいし、勢いがあって一人で突っ走るタイプですから、この持ち味を生かしながら育ってもらいたいと思いました。ご自身の長所が光る形で育ってくれたと思っています。

金澤 櫻井先生がうまく調整をしてくださったんだなと思います。一緒に裁判員裁判をやらせていただいたときも、「やりたいようにやればいいいよ」という感じですけど、ここはというところで櫻井先生が手を入れてくださったり、「最後は僕が責任を取るから」と言ってくれたりしました。ボスが任せてくれているという嬉しさがありましたが、その一方で、責任も重く感じました。でも、公判前整理手続が進むうちに、だんだんと、「ええい！

最後はボスが責任をとってくれるや！」といった気持ちになってきて、審理方針や審理スケジュールを、いち早く弁護人側で立案して提出したりと、やっていて本当に楽しかった思い出があります。

櫻井 金澤さんの赴任した法テラスは、それほど忙しくない所だったのですが、彼女は需要を掘り起こすのですね。「島の人は困り事があったら駐在さんに相談する」ということを聞いて、島中の駐在所をめぐって、「困った人がいたら私に相談してください」とお願いしたそうなんですよね。すると、飛躍的に相談が増えた。そういうバイタリティーというか、臆さないでどこへでも突っ走っていくという長所が刑事弁護以外のところでも生きているんだろうなと思いますね。

神山 金澤さんは、先輩から言われたことをノートに書き留めていたことが印象的でしたね。自分をコントロールできる人だなと思っていた。ちゃんと書き留めたものを折に触れて見るということは人に言われてもなかなかできることじゃない。

金澤 事件のことに限らず言われたことで何かしらの気づきを得たことを書いていました。櫻井先生に言われた「負けず嫌いもいいが、勝ち負けにこだわるな。事件はおまえのためにあるんじゃない」という言葉がノートの一頁に書いてあります。自分が基準じゃなくて、依頼者が満足したかどうかに基準を合わせろというのは、今でも読み返すところですね。

神山　櫻井さん、鈴木さんは最初どんな印象でしたか?

櫻井　穏やかな人柄で仕事も丁寧にするというタイプですよね。ただ、芯が非常に強くて正義感がとても強い人です。それでいて、人に対してまず嫌な感じを与えない。困難な仕事は率先してやるけれども、嫌な顔をしない。これは彼女の強みのひとつで、弁護士過疎地に行ってもらうには適していると思います。私と初めて会った学生の頃は、緊張して思うように喋れなかった。ただ、「自分はこれでいいんだ」という自信を桜丘法律事務所での養成の過程で身につけてくれたのかなと思います。

鈴木　桜丘法律事務所での養成中は、もちろん単独の事件もありますが、原則として共同受任で他の先生と必ず一緒にやります。いろいろな先生のいろいろな判断や技術を直接見せていただきました。今、一人の事務所にいますけれども、桜丘法律事務所で学んだことは大きな糧になっています。全然やったことのないわけのわからない案件があったとしても、「櫻井先生はあのときこうしていたよな」といった感じで桜丘時代の頃を振り返るとどこかに引出しあるんですよね。

神山　鈴木さんは、自分が納得するまでは先輩が何を言っても引かないというところも長所だよね。桜丘法律事務所は原則として共同受任だから、若手は年齢差・経験差のある弁護士と議論をするんだけど、その議論が鈴木さんの性格だとより効果的に作用したのかもしれないね。そういう過程で引出しの数が増えていったんだろうね。

「桜丘だより」裏話

櫻井　鈴木さんの仕事に対する丁寧な取組み方が奏功した事件があって、「桜丘だより」で紹介しました。

鈴木　『「けじめ」って何？』というタイトルで紹介していただきました〔→一四七頁〕。接見に行って会ってみると、「けじめがつくまでは、誰にも会わないと決めていた」みたいなことを言っていて。「あれっ？」「これは何かあるぞ」と思いました。そこで、精神障害に詳しい先輩にお願いして一緒にやっていただきました。

神山　接見に行って、「あれっ？」と思ったきっかけは何だったの？

鈴木　「何で逮捕されたの？」って聞くと、「女性からショルダーバックを奪いました」と答える。「何でそんなことしたの？」って聞くと、「お金に困って苦しかったからです」って答える。でも、「他に何か手段はなかったの？」といった自分の頭で考えて答えを出すタイプの質問には答えられなかったんですよ。それは単純に考えることを拒否しているのではなくて、考えることがそもそもできない人なんじゃないかと感じました。

神山 よく気づけたなと思うね。その感覚は優れた資質だと思うよ。僕なんか理屈で物事を考えるから、「こいつ、何も考えていないな」で終わってしまうな。

櫻井 小さな違和感を放置しない姿勢がいかにも鈴木さんらしいと思うんだよね。たいていは気づかなかったり、気づいても面倒臭いからそこを掘り下げようとしない。結局被疑者・被告人は放置されちゃうんだけど、そこに気づいて、これは何かあるって掘り下げていって重要な事実を明らかにしていったのがすごく偉い。

鈴木 このまま裁判員裁判になったら、裁判員も私と同じように首をかしげるだろうなと思ったので、ちゃんと鑑定をして、なぜこういうことが起きてしまったのか、本人の背景にはどのような問題が隠れているのか、その問題が、今回の事件にどのように影響しているのか、本人の背景にはどのような問題が隠れているのか、その問題が今回の事件にどのように影響しているのか、そのことを明らかにしたうえで、本人がまた同じことを起こさないために、環境を整えなければならない。そこまでしないと執行猶予を主張しても、裁判員に納得してもらえないだろうなと思いました。

神山 金澤さんは、「桜丘だより」で取り上げられたことはあったの？

金澤 私は結構たくさん取り上げていただいたと思います。その中でも印象に残っているのが職務質問からの奪還のお話「新人の旅立ち」ですね〔↓一〇三頁〕。臨場感一杯に書いていただきました。

櫻井 警察官の常として、若い女性弁護士を軽く見る傾向が強いですから、脅かして追っ払おうぐらいの感じで来ているわけだよね。それを戦い切ったというのはすごいことですよ。でも、金澤さんならできると思って、やってもらっているところもあるんだけどね。

金澤 記事にはありませんけど、現場にでかけるとき、アドバイスとかくれるかと思ったら、櫻井先生は一言、「バッジは忘れないようにして行きなさい」って。内心、「それだけかよ！」って思いましたね。公務執行妨害で逮捕されることは十分にありえたなと思って今でもヒヤっとしますね。ちょっとした接触でも捜査機関側は暴行って言うじゃないですか。あのときは櫻井先生か神山先生があとから応援に来てくれないかなって考えましたね。

神山 偉そうなこと言っているけど、僕でもそんな現場に行ったら、そりゃぁビビるよ。警察がたくさん集まって混乱状態じゃないですか。こっちだって冷静な判断ができるという保証もないわけだし。だから、本当によくやったと思うよ。

金澤 駅前のロータリーには、やじ馬も集まってましたし、警察官も集結してて、車で出ようと思ったらパトカーで阻止されました。ほんとに混乱状態の現場でしたね。

鈴木 櫻井先生は、金澤さんをどうして一人で行かせたのですかね。

神山 僕も、櫻井さん、よく一人で行かせたなと思ったね。

櫻井 金澤さんならやり切れるんじゃないかと思いました。それと、僕は、できる人はぎりぎりまで力を出す経験をすることでさらに力をつけることができると考えています。なので、金澤さんには酷かもしれないけれど、良いチャンスだと思いました。

神山ゼミ

金澤 桜丘法律事務所では、神山先生に報告し、神山先生と問答を繰り返すスタイルの神山ゼミがあります。弁護士養成という点ではこの神山ゼミも大きな役割を担っていますよね。

神山 このゼミで何が一番、役に立ちましたか?

金澤 聞かれたことに対して、いかに端的に明確に答えるか、質疑応答の訓練の場でした。他の参加者が神山先生に報告しているのを聞く側になったときに、神山先生の質問と答えが噛み合っていない場合があるんですよね。それで、質疑応答は訓練をしないと上手にできないということに気づきました。

神山 僕自身は先輩からそういう訓練を受けてきたんだよね。だから、僕がゼミをすると、それが伝承されるようなゼミになっている。今度は金澤さんが後輩たちに伝承してくれるわけじゃないですか。

金澤　これまで対馬で修習生の受入れを一五人ほどしてきました。民事刑事問わず起案をさせたりして、修習生と事件について議論しますが、その際に、そういった質疑応答について意識的に修習生たちに行っています。あと、当たり前のことを神山ゼミではよく聞かれます。「これから何をしますか？」と聞かれたら、「何をすればいいでしょうか？」と聞き返したくなるけど、とにかく答えをひねり出すということが大事です。今から思えば、現場に行く、被害者にも速やかに検察庁を通じて連絡を取るといったことは、当たり前ですけど、新人のときはその当たり前のことを当たり前のこととして積み重ねていくことがきわめて重要だと思います。もし、新人のときから、現場に行かないまま公判を迎えたけど特に困らなかった、被害者と連絡とらなくてもいつのまにか不起訴になった、といった経験を積んでしまうと、現場に行かない、被害者と連絡をとらない、それでも問題ない、って考えてしまうと思うんです。すると、将来、本当に現場を確認しなくてはならなかった、という事件を担当したときに、被疑者・被告人の利益にならない事態が起きてしまうと思うんです。

神山　鈴木さんは、神山ゼミはどうでしたか？

鈴木　先生からの質問に答えられないということは、まだちゃんと検討ができていない、証拠が集められていない、といったように何かしらのウィークポイントがあるということですよね。答えを与えるのではなくて気づかせてくださるというのが、先生の質問の基本だと私は思って、ゼミに参加していました。あと、冒頭陳述や弁論を実際にそこで発表する時間を作っていただけたことがよかったですね。神山ゼミは外部にも開かれていたので、ロースクール生や一般の方も参加しています。自分の伝えたいことが伝わったかどうか感想をいただける本当にありがたい場でした。言いたいことがまったく伝わらず恥ずかしい思いもたくさんしますが、神山ゼミは恥かいてナンボのところだと思っています。本番の法廷で恥をかくと依頼者の不利益になりますからね。

神山　弁護士も三年ぐらい経つとプライドがで

＊2020年10月21日　桜丘法律事務所

きてしまうから、人様の前で実演をしてケチをつけられることは嫌なんだよね。ところが、桜丘法律事務所の新人弁護士だと、責任を持って養成するという建前もあるから、どんなに恥をかいてもやらせられるじゃない。櫻井さんからゼミを実施して新人弁護士にはゼミ参加を義務づけようと言われたときに、じゃあこれを取り入れようと、思ったんだよね。恥ずかしい思いをしたら忘れないし、力になるでしょ。

金澤 櫻井先生は、どういう意図で神山ゼミを完全オープンにされたのですか。

櫻井 桜丘法律事務所をつくった頃は、我が国の刑事訴訟は絶望的だと言われていました。では、その絶望的な原因は何だろうと思うわけです。「裁判官がけしからん」「検察官がけしからん」と言うだけでいいのか？「勝つべき裁判を負けてしまう」「無罪にしなきゃいけない人を無罪にできない」ことについて裁判官や検察官の悪口を言っておしまいでいいのか？弁護人は完璧な活動ができていたのか？そこの反省なしに司法の批判をしても、進歩はないと思うわけです。他方、裁判所や検察庁は、組織的に後輩を育てているわけです。だったら、刑事弁護を一生懸命やりたい人がいるならば、技術を出し惜しみせずに広く伝えるべきです。それによって、志ある人が力を蓄えて、そして、司法を変えていく力になると思ったわけですよね。だからオープンにしました。

神山 映画監督の周防正行さんがゼミに参加されたことがあったよね。報告者の実演を聞いて、市民の立場から「さっぱりわからん」と言われるわけですよ。また、木谷明先生も参加されて元裁判官の立場から、「いや、ちょっとそこの意味がよくわからない」と意見される。我々は裁判員裁判時代に市民を相手にするわけで、いろんな価値観があるわけですね。自分の言っていることに説得力をもたせるためには、どういう内容を持たせなければならないのかということを、僕や櫻井さんが教えることには限度がある。そういう意味ではオープンにしたおかげで、多くの人の知恵を借りることができるようになりました。他の事務所でもこういうやり方で後輩を育ててくれれば嬉しいですね。

弁護士過疎地対策

金澤 櫻井先生が桜丘法律事務所を立ち上げたのは、当時の弁護士過疎地の問題があったからですよね。

櫻井 もともと弁護士過疎地の問題に関心があったわけではなくて、弁護士過疎地の惨状はわかっていませんでした。僕は日本弁護士連合会の刑事弁護センターの委員をやっていて、被疑者国選制度を実現しようと言うと、法務省から「弁護士が一人もいないところがありますね。そうすると全国均一のサービスが提供できません」「都市部の人だけが得をして、過疎地の人は恩恵を得られないというのでは、国の制度としてはできません」と言われて断られるわけです。平等に名を借りて低いほうに合わせるというのは、腹立たしいわけですよ。ただ、弁護士がいないというのも実情です。何とかしなければいけないと思ったときに、公設事務所の設置を考えました。

そして、弁護士過疎を解消するためには誰が行くべきかを考えたわけです。生活の基盤もできていて、事件を多く抱えているのでベテランは難しい。新人に行かせればいいんじゃないかと思うけど、新人が地縁も血縁もない所へ行って、経済的な不安も抱えたまま一人で独立なんかできるわけないですよね。そこで、トレーニングをした新人を任期つきで過疎地へ送り、そこが居づらかったり、嫌だったりしたら任期が明けたら帰ってこれるようにする。それから経済的には保証をするということを考えました。

神山 最初は、応募者がほとんど来ませんでしたよね。

櫻井 そう。志ある人を呼ぶためにはかっこいい弁護士を見せる必要があると考えました。そこで、松本三加さんを呼んでシンポジウムをやったんです。すると、シンポジウムに一〇〇人もの修習生が来たんですよね。それまでは本当に奇特な人がぽっと来る感じだったんだけど。

神山 現に弁護士過疎地に行ってみてどうですか？ 市民のニーズには応えられてるとい

う感じですか？

金澤　掘り起こせていないニーズはまだまだあるとは思います。ただ対馬には法テラス事務所が一つ、ひまわり事務所が一つ、法律事務所が最低限二つあるということは大きいですね。たとえば、破産の管財事件の場合、一方が破産申立てをすれば、もう一方が管財人に就くことができます。もし法律事務所が一つだったら、島外の弁護士が管財人に就かなければならないわけですから、そういった面でも最低限は足りているのかなとは思います。あと、刑事の面で、法テラスも、ひまわり法律事務所もダメなときは、長崎市内の弁護士がバックアップの三番目として当番の順番は入ってはいますけど、島外から当日中に対馬に来るというのは現実的に無理ですよね。対馬北署は、裁判所のある厳原町から車で片道二時間かかります。

神山　鈴木さん、栃木はどうですか？

鈴木　栃木県全体では弁護士は二二〇人くらいいますが、そのうち一五〇人くらいは本庁のある宇都宮市に集中しています。そのため、刑事弁護に関していえば、本庁にいる私にも、支部管轄の国選事件の打診が来ます。支部の弁護士はもともと数が少ないうえに、全員が国選登録をしているわけではないので、支部の弁護士だけでは対応しきれないこともあるためです。当番弁護で出動したら、被疑者援助制度を使って勾留前弁護活動を行い、もし勾留決定されてしまったら被疑者国選に切り替えて引き続き弁護活動を行う、というのが、切れ目のない弁護活動として望ましい形だと思いますが、特に支部では、キャパシティの問題があるため、そのような弁護活動を行うには限界があるようです。

民事事件に関していうと、高齢者や障害者、生活困窮者といった方々に対する司法サービスは、まだまだ需要があると思っています。客観的には法的支援を要する状況に陥っているのに、さまざまな事情から弁護士にアクセスできないインボランタリー・クライエントがたくさんいることを、栃木での活動を通して実感しました。このような方々の声なき声に気づき、司法サービスを必要としている人にきちんとサービスを行き届かせるためには、福祉関係者や医療関係者、自治体といった関係機関と連携して、アウトリーチによる問題発見と課題解決というシステムを構築しなければならないと思っています。ただ、こういった案件は、労力がかかる割に報酬は見込めない案件が多く、費用対効果が悪い場合がほとんどです。自営業の先生方は、なかなか受任しづらい案件だろうと思います。

法テラスのスタッフ弁護士は、こういった案件に率先して取り組むことが責務であるため、私も、高齢者、障害者、生活困窮者の方々の困難案件を数多く受けてきましたが、関係機関との連携関係が深まるにつれて、関係機関から持ち込まれる事件の量も、内容も、年々ヘビーになってきたと感じています。栃木県内の埋もれている司法需要に応えるためには、スタッフ弁護士一人では到底無理があり、マンパワーの限界を感じています。費用対効果がネックにならずに、ジュディケアの先生方も受けられるようなスキームを作ることが急務であると思っています。

神山 費用対効果の問題で、事件はあるけど弁護士が受けれないということであれば、実質的な弁護士過疎だよな。それに対して、櫻井さんは何か構想はありますか？

櫻井 今の日本の政治や経済の動向を見ていくと、アメリカの後追いをするような感じでグローバル化が進んでいます。金持ちはグローバルな金持ちになっていくけど、貧乏人はグローバルな貧乏人になっていく。このままでは、貧困層は、どうしようもないぐらい増えてくるだろうと思うんですね。従前、弁護士業で収入を得られるのは、中産階層以上の人たちの紛争解決でした。だけど、中産階層以下の人たちを救おうとすれば、絶対に儲からない仕事になるんです。それを弁護士会や昔の弁護士はノブレス・オブリージュでやっていたけど、それで救えるのは弁護士が気が向いたときに手をさしのべた少数の人たちだけなわけですよ。たくさんの人たちを組織的に救うためには、貧困層を中心に対応する弁護士が必要で、アメリカではパブリックディフェンダーのオフィスと、いろいろな専門家と弁護士が貧困層の支援をするコミュニティーのグループがあります。法テラスのスタッフみたいな立場の弁護士に対して、公的な財源が高額じゃないけども適正な収入を保証して、その人たちが個別事件の儲けを気にしないでやれる仕組みを作らないとダメですね。

スピリッツの継承

神山 桜丘で育って、羽ばたいていったお二人としては、桜丘法律事務所は今後、どうあってほしいと思いますか？

金澤 私は、これからも櫻井先生、神山先生はとにかく元気でいてほしいということがまず第一ですね。あと、私自身が、この事務所で学んだこと、成長させてもらったことを次の代へつないでいきたいと思います。桜丘のスピリッツを得て、日本各地へ羽ばたく弁護士が増えたら、桜丘一門としては嬉しい限りですね。

鈴木 私も、金澤さんと同じように、まずは櫻井先生、神山先生、お元気でいらしてくださいということはもちろんです。私たちに先輩がたくさんいるように、自分も先輩の立場になっていくわけです。自分の後輩たちに自分が教えていただいたことをしっかりと伝えていけるようになりたいと思っています。たとえば、香川県弁護士会の田岡直博先生みたいに、櫻井先生と神山先生が桜丘法律事務所でやっていることを、地方でされているじゃないですか。そういうシステムがどんどん増えていっている感じがして素晴らしいなと思っています。

神山　田岡さんの話が出ましたが、櫻井さんや僕からすると、昔の言葉でいうと孫弟子が育っているわけですよね。そういった良い循環ができるように、皆さんも是非とも田岡さんに続いて桜丘法律事務所で学んだことを後輩につないでいってもらいたいですね。今の話を聞くと、まだまだ我々は現役で、細かい仕事を一生懸命やれ、後輩を育てろと言われているようですね。どうですか、櫻井さん。

櫻井　弁護士業界でいい人を育てていくということは、社会をいい方向に変えていくために必要なことだと思っています。だからこそ、有為の人材を、オピニオンリーダーになる人を育てたいと思って、ずっとやってきています。私は、偉い人が言った一言一句が金科玉条になって、それを墨守するということは、組織のあり方としても、思想のあり方としても反対なのです。だから、どうやったらもっといい弁護士を育てていけるのか、僕に知恵を貸してほしい。できることは何でもやるけれども、今の若い法曹志望者の心を揺り動かすことができるのは、今のあなたたちの活動だ思う。だから、皆さんが皆さんのやり方でいい人たちを、また育てていってくれたら僕はすごく嬉しいと思うし、そのためにできることはやっていきたいと思っています。

第三部

桜丘法律事務所で学んだこと

巣立った弁護士からのメッセージ

櫻井先生の眼差し

虫本良和（千葉県弁護士会）

刑事弁護の世界へ

「刑事弁護がやりたいので桜丘にいれてください」。そう言って入所させてもらってから、法テラス千葉にスタッフ弁護士として赴任するまでの一年四カ月を桜丘法律事務所で過ごした。その間、櫻井先生と共同受任した刑事事件は一件だけ。弁護士になってまだ数日という頃に受任した、自分にとって初めての刑事事件だった。二〇代男性が、交際相手の女性に暴行して怪我をさせたとの疑いをかけられた傷害否認事件だった。この事件で、いきなり刑事弁護の〝フルコース〟を経験することになった。「もうすぐ逮捕されるかもしれない」という段階から依頼を受け、「逮捕するな」「勾留するな」の意見書、勾留・勾留延長への準抗告、さらには特別抗告まで行うが、すべて退けられた。依頼者は起訴され、ようやく保釈請求が認められた。当時まだ裁判員裁判も始まっておらず、実施件数も少なかった公判前整理手続に付すことを求め、これが認められた。公判では女性の証言は信用できないことを主張して、暴行の存在を争った。結果は、有罪判決であった。執行猶予はついたが、弁護側の主張はまったく認められなかった（法テラス赴任後に控訴審、上告審の弁護人も務めたが、有罪判決が覆ることはなかった）。刑事弁護人に憧れる修習生だった自分が、ジェットコースターに飛び乗ったように無我夢中で刑事弁護の世界に突っ込んでいったような日々だった。接見も、近隣住民への聞き込みも、証拠開示請求も、医学文献の調査も、反対尋問も、何から何まで初めてだった。

「見てないようで見ている」

共同受任していた櫻井先生が、そんな自分にかける言葉は、決まって「うん、わかった。やってごらん」というものだった。ずいぶんと素っ気ない気もするが、当時の自分にはその言葉が支えだった。それがなければ不安で一歩も動けなかったかもしれない。「自分が正しいと考えたことを思い切ってやってみる」という経験の積み重ねこそ、刑事弁護人として成長していくために必要なのだということが今ならわかる。櫻井先生は、そのことを私がいつの日か理解するだろうと信じて、見守ってくれていたのではないかと思う。

刑事事件に限らず、櫻井先生から、細かい指示や起案の添削などを受けた記憶はあまりない。もちろん、新人の自分はミスをするが、櫻井先生はそれを責めることもない。その櫻井先生から面と向かって指摘を受けたことが一度だけあった。もはや事件自体の詳細は覚えていないが「ヤクザから襲われるかもしれなくて不安だ」といった趣旨の悩みを訴える法律相談だったように思う。弁護士になってちょうど丸一年位だった私は、「身の危険を感じたら警察に通報したらどうですか」等のおざなりと言われても仕方ないような助言をして、その法律相談を終えた。他の事件の処理状況などと一緒にその相談の顛末を報告したとき、櫻井先生から「虫本くん、その相談は本当に受任できなかったのかな」と言われたことがあった。実際に受任する必要性があったかは今でもわからないし、櫻井先生も「どんな事件でも受任しなさい」と私に言いたかったわけではなかったと思う。ただ、相談を受けた自分は、心のどこかで「何か面倒そうだ」「関わりたくないな」などと敬遠し、相談に訪れた人の不安や「助けてもらいたい」という気持ちから目を逸らしていたように思う。櫻井先生には、自分のそういう意識を見透かされたようで、「ハッ」とした気持ちになったことを今でも覚えている。そして、櫻井先生は自分のことを「見てないようで見てくれている」と実感した瞬間でもあった。

「神山ゼミ」での櫻井先生

桜丘法律事務所に入ってよかったと思えることは無数にあるが、「神山ゼミ」〔→一五四頁、二五六頁〕の存在がその大きな理由のひとつであることは間違いない。桜丘法律事務所のホームページのキャッチフレーズにもなっている「伝統と実力の刑事弁護」は、神山ゼミによって育まれ、継承されている。新人弁護士が担当する現在進行中の事件を報告し、いわば「拡大弁護団会議」のように参加者全員でディスカッションするというのが、ゼミの基本的なスタイルである。偉大な刑事弁護人であり、名ファシリテーターでもある神山啓史先生は、新人が若干要領を得ない事件報告をしていても、「ちょっと待て」といって絶妙のタイミングで事案を解きほぐし、気づけばその事件の勘所（刑事弁護的にいえば「ケース・セオリー」）が参加者によって共有されている。まさに、神山先生の、職人芸であると私は常々思っている。

神山ゼミに参加する櫻井先生は、大抵、ゼミの終盤あたりで簡潔なコメントをしていた。私自身も、櫻井先生の適格な助言を参考にさせていただいたことが何度もあった。ただ、櫻井先生は、たまに〝身も蓋もない〟ことを言ったりすることがある。たとえば、「どうやったらこの依頼者の再犯を防げるでしょうか」といって真剣に悩んでいる新人弁護士に向かって「弁護人が何をやったって、やるときはやるよ」とニコニコと笑いながら言ったりする、という具合である。経験の浅い弁護士が「依頼者の人生を左右する」と信じ、刑事弁護の重責に押しつぶされそうになることは珍しくない。責任感の強い新人ほど、いつの間にか、硬直し、視野が狭くなってしまうこともある。櫻井先生の〝身も蓋もない〟言葉は、そんな新人弁護士の肩の力を抜いてくれるものである。ぶっきらぼうなようで、優しい。櫻井先生は、神山ゼミに参加するとき、報告される事件の当事者や結果だけでなく、その事件に懸命に取り組む新人弁護士の心に向けられた言葉を選んでくれていたのではないか。

「プラクティス」

この本は、『季刊刑事弁護』で櫻井先生が連載する「桜丘だより」を単行本化したものだが、正編(パート1)である『刑事弁護プラクティス』には、桜丘時代の私の弁護活動についてのコラムが一本だけ掲載されている。[*] 示談が成立して不起訴になった強姦未遂等の被疑者弁護活動についてのものだ。実は、私がいた頃の桜丘法律事務所には、同期のO

＊「必要かつ十分な弁護」『刑事弁護プラクティス』(現代人文社、二〇一三年)一六二〜一六五頁。

さんや、兄弁のSさんなど、個性的で独創的（コラム向き）な弁護活動をする新人・若手弁護士が複数在籍していた。そのため、「桜丘だより」にも、私以外の弁護士によるドラマティックな弁護活動を題材にしたコラムが何本も掲載されていた。私自身、取り立てて面白みもない自分の弁護活動が、コラムの題材に選ばれることはないだろうと思っていた。そうしたある日、定期購読していた『季刊刑事弁護』に自分の事件のことを書いたコラムが掲載されているのをみて、とても驚いた記憶がある。同時に、「なぜ櫻井先生は、この事件のことをこんなに詳しく知ってるんだろう」と不思議に思った。事件についてコラム執筆用にヒアリングを受けたといったことも特になかったからである。櫻井先生は、普段の何気ない事務所内での会話や、神山ゼミでの報告などを、気づかないうちに記録してくれていたのかもしれない。コラムには、私が入所以来、多くの不起訴処分を得ているということも書いてくれていた。桜丘法律事務所での一年四カ月、自分はがむしゃらに刑事弁護をやっていた。コラムを読んで、櫻井先生がずっと自分を見守っていてくれたと感じ、胸が熱くなったことを思い出す。

『刑事弁護プラクティス』は、刑事弁護の専門的な実践例をまとめたものとして、法曹に限らず、市民の方にも刑事弁護人の業務を知ってもらえる良書だと思う。ただ、桜丘法律事務所から巣立った我々にとって、この本は、ボスが「君の日々のがんばりをみていたよ」と伝えてくれる暖かいメッセージでもある。

むしもと・よしかず。二〇〇八年弁護士登録。同年、桜丘法律事務所に入所。現在は千葉県弁護士会所属。日弁連刑事調査室嘱託、千葉県弁護士会刑事弁護センター副委員長など。主な著作(いずれも共著)に『刑事弁護ビギナーズVer.2』(現代人文社、二〇一四年)、『刑事弁護人のための科学的証拠入門』(現代人文社、二〇一八年)、『起訴前・公判前整理・裁判員裁判の弁護実務』(日本評論社、二〇一九年)などがある。

〝ひよっこ〟の旅立ち

松岡孝（釧路弁護士会）

桜丘の〝常識〟

ある桜丘法律事務所ＯＢの先輩弁護士との印象的な会話があった。

「松岡君、刑事事件の被告人の保釈が実現しない一番の理由はなんだと思う?」

「……（しばらく考え）罪証隠滅のおそれが緩やかに認められやすい傾向があるからでしょうか」

「いや、弁護人が保釈請求をしないからだよ」

逮捕勾留に伴う身体拘束の苦痛、不利益はいうまでもない。弁護人として、一刻も早く身体拘束から解放する手段はないか（勾留の阻止、勾留決定に対する準抗告、勾留の取消し、そして保釈等）を検討する。現状それが難しいのなら、今後のそれらの実現に向けて環境調整を図る。それが桜丘法律事務所の〝常識〟だ。ところが、その先輩弁護士曰く、保釈決定にさして障害がないような被告人ですら、保釈請求をしない弁護人は決して珍しくない。

弁護士は、身体の拘束を受けている被疑者および被告人について、身体拘束からの解放に努めなければならない（弁護士職務基本規程四七条）。もちろん、事案によっては、どうしても依頼者（被疑者および被告人）の身体拘束の解放を断念せざるをえないこともある。それを差し引いても、刑事弁護の〝基本〟が必ずしも弁護士全体で実現されてはいないのが現状だ。

桜丘法律事務所で学んだ〝常識〟は、まさに刑事弁護の〝基本〟である。自信をもっていえる。

保釈の役割

保釈は〝甘やかし〟ではない。身体拘束の長期化は、被告人の健康上、経済上、社会生活上の不利益を増大させる。欠勤が続けば職を失うかもしれない。養われている家族が生活に困ってしまうかもしれない。また、二度と同様の事件を起こさないために、家族や雇用先、場合によっては福祉機関や医療機関等と調整を図る等して生活の基盤を整えることも不可欠だ。つまり、保釈は、被告人の不利益を軽減させることに加え、再犯の防止のため、社会復帰の準備のためになされる側面もある。

保釈の役割について印象に残る事件を、桜丘法律事務所での養成中に経験した。男性の窃盗未遂の事件。同種の前科前歴が複数ある。そればかりか、本件は同種窃盗の裁判係属中（保釈中、判決期日の数日前）に行われた犯行だった。当初依頼者が本件を否認していたこと、常習性があること等を理由に、なかなか身体拘束の解放（勾留決定に対する準抗告、起訴直後の保釈）が認められなかった。しかし、本件の第一回公判直前に自白に転じ、罪状認否で起訴事実を認めたことで、第二回公判で予定する弁護側の情状立証前にようやく保釈が実現した。

保釈後、依頼者は精神科を受診した。犯行に影響を与えた精神障害の治療を続けていくこととなった。また、今後の生活環境について、家族と十分に話し合うことができた。自身が経営する店舗が閉店したこと、その一方で妻子を養っていくことへのプレッシャー等が、本人の精神を不安定にさせていた。そのプレッシャーから一度解放すべく、一旦妻子とは別々に生計を立てることとした。また、今後は本人の兄が経営する店舗で働き、兄が金銭管理を手伝うこととなった。

これら保釈後の本人の活動や家族の助けもあり、（裁判官曰く）「ギリギリ」の執行猶予付き判決を得ることができた。

まねるは学ぶ

桜丘法律事務所では、「次はこれをしろ」という指導はされない。次は何をすべきなのか、いつまでに何をしなければならないのか等を自分で考え、それに対する批判（「何でやってない！」「遅い！」「説得力がないよ！」）を受けながら、刑事弁護を学んでいく。

また、先輩弁護士の〝まね〟をすることからも大きな収穫を得られた。ある日、桜丘法律事務所の先輩弁護士の当番接見に同行させてもらった。交通違反の取締りから逃げるうちに、他人の住居の敷地に入ってしまったという住居侵入の事案だった。先輩弁護士は、本件が勾留に値しない事案であると判断するや否や、その足で依頼者の家族に会い、事情を説明のうえ、身元引受けの誓約書を作成した。また、雇用先にも連絡を取り、やはり事情を説明のうえ、今後の本人のスケジュール等を確認した。これらの活動を踏まえたうえで、勾留の理由がないこと、勾留による不利益が大きいこと等を記載した「勾留請求をしない旨の意見書」を検察庁に提出した。結果、その依頼者は勾留請求をされずに釈放された。刑事弁護の〝スピード感〟を肌で感じさせてもらった。

後日、私にも当番弁護の電話があった。男性の器物損壊事件。満員電車内で女性の衣服に体液をかけたという事案であった。接見を通じ、本件もやはり勾留に値しない事案であると判断し、勾留を阻止するという方針をとることとした。その足で、結婚を予定しているという同居の交際相手と会い、身元引受けの誓約書を作成した。また、雇用先にも連絡をとり、依頼者が雇用先での重要なプロジェクトを担当しているという事実を聴き取った。それらを踏まえ、検察庁には「勾留をしない旨の意見書」を提出した。また勾留請求をされた場合を想定し、裁判所に宛てた「勾留請求を却下する旨の意見書」を作成した。結局、勾留請求はされたが、裁判官は勾留請求を却下した。

刑事弁護は〝恐い〟

いくら依頼者に有利な事実、証拠を集め、聴き取り、作っても、それを相手（検察官、裁判官、裁判員等）に正しく伝える技術がなければ良い結果は出ない。弁護士の武器は「文章」である。櫻井弁護士からは、「一度読んで論理がわかる文章を書け」「読んだ人が納得共感できる文章を書け」と日頃から指導されていた。

実は、先ほどの器物損壊の件で起案した「意見書」を、提出前に櫻井弁護士にチェックしていただいていた。結果、数多くの指摘を受けて返ってきた。櫻井弁護士の指摘を受けていなければ、勾留請求却下判断をした裁判官を納得させられなかったかもしれない。そう思うと、刑事弁護は〝恐い〟。

刑事事件は〝恐い〟。弁護人の活動次第で、結果は大きく変わる。弁護人がどれだけの事実や証拠を集め、聴き取り、作れるか、また、それを自分の文章や言葉で、不足や誤解なく相手に伝えられるか。それによって、検察官の判断や裁判所の判決の内容は大きく変わる。執行猶予と実刑では天と地ほどの差がある。懲役期間が一年違うだけでも、とても大きな違いだ。自由のない一年がどれほど長く感じられるか。弁護人の活動次第で依頼者の人生は大きく変わるかもしれない、といっても大げさではないはずだ。「覚悟がないなら刑事弁護はやるな」と神山弁護士は言う。その言葉の意味は重い。

旅立ち

二〇一九年一二月下旬、いよいよ養成も終わりに近づいたある日、国選で受けていた覚醒剤取締法違反の公判期日があった。その公判を櫻井弁護士に傍聴していただくことになった。私としても「この一年の集大成を見せたい」という気持ちがあった。公判はさしたる問題なく進行し、弁護側の情状立証も概ね打ち合わせどおりに行われた。同じく傍聴していた、その週に桜丘法律事務所での執務を開始した新人弁護士におだてられ、いい気になりながら事務所への帰途についた。しかし、事務所に戻るや否や、先に帰っていた櫻井弁護士からは、辛口のダメ出しをいただいた。

まだまだ毛も生えてすらいない〝ひよっこ〟だ。自分を戒め直し、その一週間後、初赴任先である釧路へと旅だった。

まつおか・たかし。二〇一八年弁護士登録。二〇一九年日本司法支援センター（法テラス）に入社。同年、桜丘法律事務所にて養成を受ける。現在、釧路弁護士会所属。

桜の種

池田征弘（鹿児島県弁護士会）

贈られた言葉を種に

大きな伸び代を持つ君の鳥取での活躍を期待します。

本書の正編（パート1）である『刑事弁護プラクティス』の裏表紙にサインしていただいた櫻井先生の贈る言葉である。

この言葉は、私が桜丘法律事務所での養成期間（一年間）を終える直前（二〇一四年一二月）にいただいたものである。贈られた当の本人としては、自分にどんな伸び代があるのか心当たりもなかったし、その時に直接櫻井先生に尋ねる勇気もなかった。期待されている以上、養成後の活動において、その伸び代を示していかなければならなくなった。そういう檄として受け止めた私は、養成から六年が経とうとする現在（二〇二〇年一〇月執筆）、本寄稿を通じて、櫻井先生はじめ養成時代にご指導いただいた桜丘法律事務所の諸先輩方に対して、わずかながらでも伸び代を示したい。また、読者の皆様においても、私の活動を通じてわずかでも刺激を感じてもらえれば誠に嬉しく思う。

池田征弘様
大きな伸び代を持つ君の
鳥取での活躍を
期待します。お元気で！
櫻井光政

再度の起訴猶予を獲得した事案

準抗告はしたの？　え、してない⁉　何で⁉　何をやっているんだ！　早くしろ！　やらなきゃ絶対外に出られないんだよ。それができるのは実質弁護人だけなんだから。できるのにしないのは、僕は弁護過誤だと思うよ。

今でも刑事事件を受けると、養成時代に叱られたときのこのセリフが神山啓史先生の甲高い声とともに頭の中で回想される。勾留に対する準抗告が認容されれば、被疑者は釈放され、元の日常に戻ることができる。被疑者にとっては至上の喜びである。刑事弁護人として、忘れてはならない感覚といえる。養成時代は、担当したすべての刑事事件について準抗告をしたが、恥ずかしながら花開いたことは一度もなかった。初めて花開いたのは、養成後の赴任先（法テラス鳥取法律事務所）で最初に受けた国選事件だった。

この事件は、万引き（窃盗）の前科を複数持つ高齢の被疑者が、前刑の執行猶予期間中に万引き再犯に及んだ事案であり、身体拘束からの解放の重大性を実感した忘れられない事件である。接見室で実施した認知症判定テストの結果から、被疑者の認知症を疑った。認知症の影響ならば、その進行を早期に抑えることが再犯抑止に資する。頭の中で響く回想に従い準抗告をしたところ、これが認容された。そして、その後の被疑者の生活環境改善への取組み（釈放後、被疑者は認知症と診断され、福祉サービス等が導入された）と、被疑者の順調な生活ぶりが考慮された結果、釈放の四カ月後に被疑者は起訴猶予となった。被疑者に対する持続性ある支援体制が確立するまでに三カ月かかった。二〇日間の身体拘束

（勾留）期間では有効な支援を受けることはできず、被疑者は起訴されていただろう。

しかし、その一年三カ月後、被疑者は再び万引きをして逮捕勾留された。再度、国選弁護人に選任された私はやはり勾留を争った。再犯の原因を調査するためには、これまでの支援を検証する必要があること、その検証に各支援者が協力してくれること、これらが再犯抑止につながることなどを、熱意を持って裁判官に直接伝えた。その結果、被疑者は釈放された。釈放後、支援者とともにアセスメントを行い、支援の見直しを図った。起訴されれば、被疑者は相当期間の実刑となり、過酷な受刑環境に伴い認知症も進行するおそれがある。それこそ出所後の再犯率が上がる。検察官に対し、刑罰よりも治療および福祉支援が必要であることを訴えた。被疑者は再度起訴猶予となった（その日はクリスマスイブだった）。

身体拘束からの解放により、実にさまざまな情状を生み出すことができる。周囲の支援を直接受けて、犯罪の原因となった環境を改善することができる。直接被害者に謝罪し、被害者の厳しい言葉を聞いて内省を深めることもできる。情状事件において起訴されるか否かは、捜査段階において身体拘束から解放されるか否かで大きく左右される。そのことを実感できたことが私にとってのクリスマスプレゼントとなった。

刑務所希望の被疑者の事案

なるべく長く刑務所に入れてください。先生は何もしないでください。

軽トラックを盗んだ事件の初回接見で、被告人は私にこう求めた。弁護するな、と言われたのは初めての経験だった。

前科二犯の被告人は、前刑（窃盗罪）で刑務所に服役し、出所した三週間後に今回の事件を起こした。塀の外での生活に希望が持てず、死に場所を求めて盗んだ軽トラックで彷徨うも、自死する覚悟を決めきれないまま、職務質問にかかり、刑務所で生活することを望み自供した。法律上、被告人に執行猶予はつかない。誰が弁護人でも結果は実刑となる事案だ。受刑希望の被告人は被害者に対する謝罪を拒否し、また、次の出所後も自死する思いがあるため、出所後の生活支援も拒否している。身寄りもない。やりようのない事件に思える。

この状況で、あなたなら弁護人としてどんな活動ができる？

この事件であなたが弁護人になる意味は何？

櫻井先生に相談したら、きっとこう返すだろうと想像した（間違っていないことを祈る）。養成時代、櫻井先生に事件のことを相談しても、櫻井先生は、初めから助言は出さず、自力で考えさせる。「それがわからないから、相談しているのに」と心の中で愚痴ったものだが、今では、無から有を生み出すために考えもがくことは弁護活動の技術向上につながる、ということに気づかせてくれる対応だったと感じている。

私は、被告人に、自死ではなく社会で生き抜くための一歩目を出所後に踏み出してもらう活動をしようと考えた。連日接見を繰り返し、被告人との信頼関係構築に努めるとともに、更生保護施設などの出所者に対する支援機関の職員にも同席してもらい、出所後に利用できる支援制度に関する情報提供をした。それでも被告人は出所後の将来を前向きに捉えてはくれず、公判の日だけが近づいた。

悩んだ末、受刑中または出所後に、被告人が私や支援者のことを思い出し、前向きな気持ちになってくれることを期待して、一〇枚にわたる社会復帰後の支援ロードマップ（各種支援・制度の内容と担当機関の連絡先などをまとめたもの。励ましの言葉も添えた）を作成し、被告人に差し入れた。

こんなにしてくれる弁護士は初めてです。出所したら支援を受けてみようと思います。
私の働きかけは無駄ではなかった。このロードマップは裁判の証拠としても提出した。判決言渡し後の説諭の際、裁判官は被告人に対し、

この証拠（ロードマップ）は、あなたの更生を真剣に願っていなければ作れません。弁護人の思いを大切にしてください。

と諭してくれた。後日、担当裁判官から直接感想を伝えられた。

出所後の生活も見据えた弁護をされていて感動しました。池田先生が作成したあの証拠は、コピーを取って個人的に保管しています。

一般情状は、量刑上、調整要素として考慮されるに過ぎず、基本的に大局を変える力はないが、ときに被告人の意識を変え、社会復帰後の人生の方向性に影響を与えうる大きな

力を持つこと、そして、その情状作出の重責を担うのは弁護人であることを実感した。

刑事弁護は大変だ。桜丘法律事務所で養成を受けたからこそ、そう思える自負がある。『季刊刑事弁護』の連載「桜丘だより」を読むたびに、みずからの力不足、緩慢さを痛感するが、その思いこそ、私を刑事弁護人たらしめる活力になっている。

いけだ・ひろゆき。二〇一三年弁護士登録。同年、桜丘法律事務所に入所。二〇一五年法テラス鳥取法律事務所へ赴任。二〇一八年法テラス本部へ赴任。二〇一九年法テラス奄美法律事務所へ赴任。

あとがき

本書のエピソード「任意取調べ中の面会妨害と闘う」〔→二二六頁〕で触れた国賠訴訟で、国に一〇万円の支払を命ずる判決が下りたのは本書の校正の最終段階だった。勝訴は確信していたので、金額だけ空欄にした原稿を入稿していた。ぎりぎりのスケジュールだったので、判決当日は編集部の齋藤さんが判決を聞きに来てくれた。

本文でも触れたように、「任意取調べ中の被疑者に対する弁護人となろうとする者の面会権が現行法上認められているとは言い難い」などという理屈を検事が弁護士に対して臆面もなく述べ立てるようでは捨て置けない。先達が何年もかけて勝ち取ってきた弁護権、接見交通権を全否定するような言動を、この自分が放置することはできない、との思いから国賠訴訟に踏み切った。「絶対に負けられない裁判である」と書いたのもその決意ゆえである。

判決は、広く知らせたいと思い、即日記者会見を行って世間に告知した。

弁護士を志望した動機はいろいろ入り混じっているのだが、そのひとつに岩波新書青版の上田誠吉・後藤昌次郎著『誤った裁判――八つの刑事事件』（一九六〇年）を読んで冤罪を晴らす弁護士になりたいと思ったことがある。現実に弁護士になった私は、敵をバッタバッタと斬り倒す剣豪のような刑事弁護人にはならなかったけれど、道行の途中に行き倒れの人がいれば、背負って隣町の病院に届けるくらいの仕事はしてきたし、時には道普請の手伝いのようなこともしてきたように思う。行き倒れをちょっと助けるくらいのことは誰でもできることだが、それだけに人任せになりがちだ。それを厭わずに行うことが大事だと思っている。

私の場合、途中で出会った行き倒れを助けたり、道普請の手伝いをすることが、個別事件の取組みだったり司法過疎解消の取組みだったりしたのだと思う。今回の面会拒否問題も、いわば捨て置けない行き倒れとの出会いだった。

桜丘法律事務所から巣立った弁護士の顔ぶれは多彩で、その仕事ぶりも多彩だが、何より嬉しいのは、それぞれが、それぞれの持ち場で、求められる役割を、期待以上にきちんと果たしていることだ。行き倒れを捨て置かない気概が受け継がれているのだと自負している。これからも桜丘らしい弁護士を育てていきたいと思っている。

二〇二〇年一一月

櫻井光政

「桜丘だより」（第一部）初出一覧

著者略歴

櫻井光政

一九五四年生まれ。東京都出身。一九七七年中央大学法学部卒業。一九七九年司法試験合格。一九八二年弁護士登録。第二東京弁護士会所属。一九九八年、初の日本型公設弁護人事務所開設。二〇〇八年度第二東京弁護士会裁判員裁判実施推進センター（現裁判員センター）委員長、二〇〇九年度第二東京弁護士会副会長等を歴任。週刊漫画雑誌モーニングに連載された漫画『イチケイのカラス』法律監修。『季刊刑事弁護』誌上で事務所での出来事を綴った「桜丘だより」を長期連載中。

刑事弁護プラクティス2
新人弁護士養成日誌

2020年12月15日　第1版第1刷発行

著　者　櫻井光政
発行人　成澤壽信
編集人　齋藤拓哉
発行所　株式会社 現代人文社
〒160-0004 東京都新宿区四谷2-10 八ッ橋ビル7階
電話 03-5379-0307（代表）　FAX 03-5379-5388
Eメール henshu@genjin.jp（編集）　hanbai@genjin.jp（販売）
Web www.genjin.jp
発売所　株式会社 大学図書
印刷所　シナノ書籍印刷株式会社
ブックデザイン　渡邉雄哉（LIKE A DESIGN）

検印省略　Printed in JAPAN
ISBN978-4-87798-768-8 C3032